談心說識

深·層·心·理·學

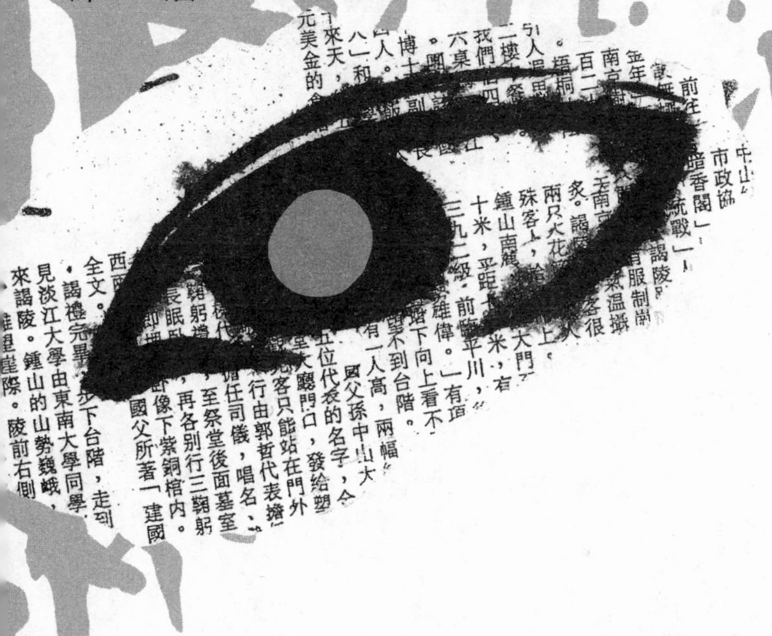

有師父上人的慈悲攝受才有今日的法身慧命，
謹將此書呈獻給敬愛的恩師

佛光山開山大師
星公上人

目錄

01序　平川彰教授（中譯）
04再版序　觀心・關心
09前言
01第一章　心與識的定義
17第二章　創造奇蹟的意識
38第三章　人類自私的根源爲何
69第四章　生命的根源爲何
107第五章　自由自在的心境
117第六章　眞心與妄心——阿摩羅識
138第七章　心包太虛——人類與自然的融和
157第八章　計較與執著——遍計所執與諸

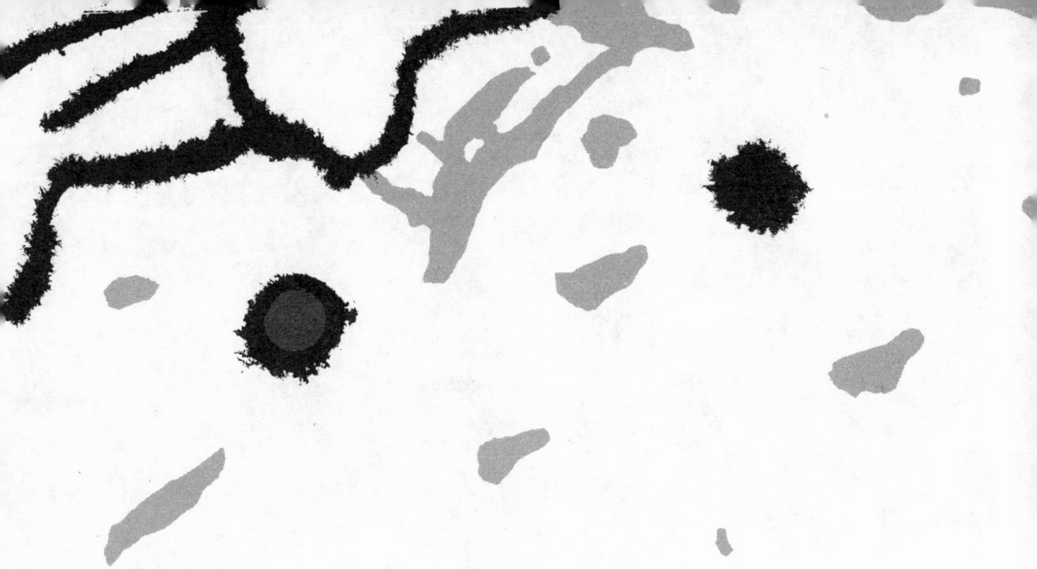

法性空
187 第九章　因緣所生法——依他起性與緣起無常
212 第十章　萬法融和——圓成的世界與人空法空
239 參考書目

平川彰教授序

依昱法師の新著の公刊を祝す

依昱法師經過多年的佛學鑽研，出版「談心説識」，此書是將難解的唯識教理之精髓，以平實易解的敍述方式表現出來的一本佳著。

依昱法師留學於日本駒澤大學，從佛教學部到人文科學研究所，極力專注於探討佛教思想的奧蘊。特別著力在唯識佛教的研究，以難解的「三性説」爲碩士論文的題材，搜集各種資料，深入經藏、論藏，而提出十幾萬字的碩士論文，以優秀的成績獲得碩士學位。之後仍繼續於佛學研究，論文發表於日本學界或大陸敦煌學界，是一位篤學的研究者。此次應讀者所求，將其近年來所發表的唯識學文章輯篇成書，將難懂的傳統唯識思想以現代化的理念來詮釋，使得佛學於社會的融通更有助益。誠此歡喜無限、特申慶賀。

人們常以物的外在形象來看一切萬象，事實上一切唯心所造。例如往友人處探病，一進入房間見藥尚在壺中煎著，友人正擁被而眠。不忍驚醒病者，就自己泡茶、吃點心，悠哉地等待友人醒來。等了幾個鐘頭，不見病者翻身，趨前探視，觸手冰涼，才驚覺友人早已死亡。此時，前一刻悠閒安詳的氣氛隨即轉變爲恐怖的氣氛，點心也吃不下、茶也喝不下，滿心想的是自己幾個鐘頭都和死人在一起，此時的心境和一分鐘前不知病者已亡的心境是截然不同，是兩個世界。

又例如自己的筆記丟了，懷疑是隔壁的同學拿去，這一想那個同學的嘴臉越來越像個小偷。等到找出自己的筆記原來夾在書堆時，再看那位同學，一點也不像小偷模樣。

滿心歡喜看這個世間，世間也充滿歡喜；滿懷憂愁時，世間也跟著憂愁起來。善人看世人皆善，惡人看世界皆惡。瞋心者的眼裡這個世間是個爭執的世界；陶醉在情愛中的人看這個世間是幸福平安。

依昱法師的『談心說識』以八識的活動來說明自身所理解的世界是由自心所顯；亦即心的表面有做爲感覺活動的五種識——眼、耳、鼻、舌、身等識，再有接受這五種感覺認知而去構思外界的第六意識，然後更深一層的去認識自我的末那識是屬第七識。人們的表態就由這七種心識的活動而成立。但構成外在表態的最重要因素是阿賴耶識，是最深層的心理意識。正確的認知七識的活動以及潛藏於內在的阿賴耶識才能正確地掌握心的活動。

這本《談心說識》譬喻豐富，充分地運用現代語言來解說八識的活動。其中對於「三性、三無性」（唯識佛教的重要教理——遍計所計，依他起、圓成實——）也有詳細的解說。

唯識佛教可以《中邊分別論》爲主來研究，也可以《解深密經》來研究，最完備的是世親的《唯識三十頌》，以及它的註釋書《成唯識論》。《談心說識》是以成唯識論的唯識說爲重點，將「三界唯心」的教說深入研究的一本著作。祈願本書廣爲學界所用，特此爲文推薦。

日本國立東京大學名譽教授
印度學佛教學研究學會前任理事長　平川彰
一九九二年六月一日于日本千葉寓所

觀心・關心(再版序)

《華嚴經》云：

於此蓮華藏，世界海之內；
一一微塵中，見一切法界。

《談心說識》從今年二月初版至五月中存書皆無，短短的二個多月，就要再版，雖有些意外，但更欣喜於學佛者的日益增加才有此好現象。

佛教文化事業需要有很多人來共襄盛舉，祈願佛書暢銷能有助於佛光出版社的大量印贈「佛光小叢書」，而使每一個衆生皆能同沾法喜，共享法樂。

能以法供養十方諸大善知識，是多年來的心願。一向拙於筆墨，且不擅言辭；學佛改變了我的一生，出家以來本著「但願衆生得離苦，不爲自己求安樂」的信心願力克服了諸多障礙，衷心感謝師長及道友的成就。如今任教於三個佛學院，每星期南來北往，將近二十節的課，再加上每個月定期的專欄與講演，覺得生活得很充實。「吾有佛法天地寬矣！」這都是佛陀的慈光加被，觀世音菩薩的感應加持，以及師父　星公上人的人格感召精神鼓勵：「平常心是道，將日常的學佛心得與衆分享，心靈會更加寬廣；人生會更有價值。要對現世的生活懷抱無限希望——生有所自，死有所爲，法身久長，慧命無量。」謹承師訓，因此每寫一字，即誠心祝福大家能遠離苦惱；衷心祈願映現在讀者眼中的每一字句皆能化爲般若妙法，每一個偈語皆是醍醐甘露，觀想生活在熱惱煩憂中的所有衆生能於「一一微塵中，見一切法界」從識心而能見本來面目，以一念至誠與三世諸佛心心相印。

由佛光山叢林學院所主辦的「短期出家修道會」所開的課中，有一堂「觀心」的課，站在講台接觸到每一個學佛者那關切、專注的眼神時，即連想到「觀心、關心」二者間的密切關係。

人與人之間之所以陌生，有疏離感，不就是因爲彼此間的「關心」不夠，不能以誠心相待所致嗎？人際間的不和諧，覺得處處有障礙，不就是「心省觀照」的功夫不足所致嗎？

誠如師父上人在其日記上所言：

了解別人是群我之道，
寬容別人是和睦之道；
接納別人是體諒之道，
關懷別人是友愛之道。

金錢與財富，權勢與地位絶對不是人生的全部，一個人若全神貫注在財富的追求和外在的裝飾上時，將喪失其對人生意義的尊重與肯定，其結果導致家庭不和，精神不寧，意志不堅，稍有不順即氣餒和沮喪。《佛遺教經》云：

縱此心者，喪人善事，
制心一處，無事不辦。

學佛能使我們時常觀照此心清淨，遠離勝負之見而成爲和平安寧之所；不爲仇恨、嫉妒、不善、貪欲所感染，使心常住在友愛、親善、無佈、無疑、無惱的祥和境中。以慈悲、感恩的心對衆生「關懷、體諒、慈愛」，常保此心即是「人成即佛成」的顯現。

《心地觀經》云：

三世如來出於世，為諸衆生說四食：

段、觸、思、識為其四，皆是有漏世間食。

惟有法喜禪悅食，乃是聖賢所食者。

平常等車、等人，排隊是一件很辛苦的事，但等的若是開往極樂淨土的車，等的是觀世音菩薩或大善知識，排隊是要去聽一場解脫生死的無上妙法，有了佛法的歡喜爲前提，心甘情願做去，一切就不以爲苦了。

我們的心識是流轉六道輪廻的本源，有時爲人、有時爲畜牲，雖然形象不同，心識是一樣的，因此我們希望來生成爲什麼樣的形象，今世此刻就必需將我們的心識著意在那一方面。善心持淨戒，廣結善緣、遵守人倫道德，才有再世爲人的希望。所謂「心想事成」，若口中罵人、心中詛咒人，一切將回歸自身，自作自受，因此如何轉妄念爲淨心，轉惡心爲慈心，轉凡夫識成聖賢智，如實地認知心識的力量，是解脫生死的重要途徑。

心清念明、圓融自在，若能一心稱念盡虛空界十方三世諸佛菩薩，至誠頂禮；所觀想的對象無限量，所得的光明智慧也就無量無邊。願此書成回向十方世界一切眾生離苦得樂，惡念不起，善事速成，悉得解脫。

南無大慈大悲救苦救難廣大靈感

觀世音菩薩

八十二年六月六日

于佛光山大慈庵圖書館

前言

《般若經》云：於一切法，心為善導，若能知心，種種世法皆由心。

懷著感恩的心，以一年又八個月的時間，寫完「談心說識」這個連載於《普門雜誌》的專欄。事實上這一系列文章的完成，因緣於師父星雲上人對佛教文化事業的關懷與投入。

一九八九年我剛從日本返國，適逢普門雜誌的編輯內容要全盤更新，師父爲此召開幾次編輯會議，得知我的大學論文和碩士論文寫的是和唯識有關的內容，就指定我執筆這一方面的文章，而且要每月一篇；《談心說識》這個篇名也源自於師父上人的構思。因此就從一九八九年十月至一九九一年六月止（普門雜誌第一二一期至一四一期）有十八篇有關唯識學的文章，陸續刊載於普門雜誌。

自覺所學尚淺，所以是懷著兢兢業業的心情接下這個重擔。一年多來，每天不斷地祈求佛陀賜予智慧，儘可能地把這個專欄寫好。唯識學在佛學八宗裡是名相又多又煩瑣的一門，用心、耐煩方能深入堂奥。十五年前在中國佛教研究院聽常覺法師講授《成唯識論》時，就發願要對此科深入細研。

民國七十一年，承蒙佛光山常住慈悲派遣我至日本留學，有機會多方面接觸現代佛學研究的方向和現狀，以及日本學者注重實際的學術風氣與嚴謹的治學風格。師父師長的栽培之恩、父母生養之恩永生難忘，每在佛前發願，希望生生世世做個出家人，讓佛法遍佈世間。

留學期間，在東京駒澤大學隨山口瑞鳳、袴谷憲昭教授習藏文、福田孝雄教授習巴利文並承蒙水野弘元教授多方指導，平川彰教授習俱舍、唯識，三枝充悳教授習中論，高崎直道教授習如來藏、鎌田茂雄教授習華嚴、平井俊榮教授習般若、田中良昭教授習禪、池田魯參教授習天台等的學習，受益很大，深深體會到文獻學在現代佛學研究中的重要性。這其中駒澤大學校長平井俊榮教授的般若空觀思想與平川彰教授的唯識俱舍對我的影響最大。尤其重要的是師父上人所提倡的人間佛教、唯心淨土，一直是心目中的理想境界，所以本書的主要內容是在說明——人的心識作用會影響情緒，使你有理性的判斷也會有感性的錯覺，如果你時常抱著樂觀的心態去工作，以服務的精神與人相處，事業一定會很有發展，很有人緣；反之懷疑別人處處與你爭利，佔你便宜則心將越來越狹隘，生活就越來越不快樂了。——所以《法句經》云：

心為法本，心尊心使。中心念惡，即言即行。罪苦自追，車轢于轍。心為法本，心尊心使。中心念善，即言即行，福樂自追，如影隨行。

就如同師父上人所說：「人不一定要擁有金錢、感情，只要擁有信心、悲心、大衆、人緣，那才是最寶貴的。」

將八識的組織構造和三性的作用功能用現代的詮釋方式，透過各種譬喻，事象來解析人的心理過程由淺至深的變化與行爲現象等內容是本書的概要，所以又稱爲「深層心理學」。

今日的社會經濟成長迅速，科技文明發達，相對的精神資糧卻缺乏，人們找不到自我心中的主宰、苦悶、鬱躁，很需要佛法的甘霖來滋潤，希望透過佛法對心識的解析，而更能清楚地了解自己、認識自我，進而超越而臻無我。爲此，才不揣淺陋將此書付梓！懇切祈望教界大德斧正指導。

感謝平川彰教授於百忙中撥冗作序。留學期間，連著四年，風雨無阻前往聆聽教授的課，他說：「留學生如此熱衷聽課又從未缺席者，很少見。」也因此每有請益，他即不厭其煩，剖陳分析、解我疑惑。近三年來教授自國立東京大學退休之後以七十六高齡應邀至佛光山叢林學院講學。他讚嘆佛學院的學生求學認真、有水準。

撰稿期間，承蒙師父星公上人的多方指導和演培法師的來函鼓勵、以及常覺法師、慈莊法師、慈惠法師、慈容法師、慈嘉法師、慈怡法師、依空法師等師長們惠賜寶貴意見與鼓勵；再有普門雜誌社長永芸法師的催生和幫忙校對的同參道友，懷著感恩的心，謹致以最高的敬意與最誠摯的感謝！

有師父上人的慈悲攝受才有今日的法身慧命，謹將第一本書呈獻給最敬愛的恩師星公上人

南無本師釋迦牟尼佛

依昱　一九九二年八月八日序於
佛光山大慈庵

第一章

心與識的定義

——五種感覺意識的作用

1以心爲宗　2心意識的功能　3眼耳鼻舌身識之會談　4五根五識的變現——

心轉境優、成所作智

序

回國後於佛光山短期出家修道會，教師夏令營、時代青年佛學夏令營等活動中開了一些課，內容都是觸及到心識的問題，每一堂課下來總會有一些老師、學員興緻勃勃地說，眞希望能有更多的時間一系列聽完。更有一些老師們說想不到以佛法來解析心理學如此有趣；自覺是天大的委屈、煩惱經過層層分析後，就覺得沒那麼嚴重，原來有大部份皆是自己和自己過不去，自尋煩惱；今後不再動不動就罵學生不懂事，要求他們時得先問自己是否也能做到。映現在吾人瞳孔裏的都是別人的所做所爲，若非用心眼，我們眞是看不到自己。

「今日的社會經濟成長迅速、科技文明發達，相對的精神資糧卻缺乏，人們找不到自我心中的主宰，苦悶、鬱躁很需要佛法的甘霖來滋潤，希望您能將上課的內容整理出來讓更多人能透過佛法對心識的解析而更能清楚地了解自己、認識自我。」以上是上過課的學員們一致的建議，這也是促成此文的因緣之一。筆者自覺所學尚淺，有許多不足之處，願藉此拋磚引玉，懇切祈望教界大德斧正指導。

一・以心爲宗

佛教是一個談心的宗教，故禪門寶典《無門關》云：「佛語心爲宗」，三藏十二部經典所說的教理，就是在教人如何淨心。因爲在這世界上和我們最親近、關係最密切的就是我們的心，和其所起的意識變化，因爲心不是單一之物，是各種要因的積集，此刻的我正是從過去累積至今而成，而未來的我，就端賴此刻的我所作所爲而決定，所以「心」是過去和未來的總體。因此當我們關心十大建設時，也請別忽略和我們息息相關的心理建設。

現代人研究心理學，幾乎都止於一般常理所知的心態變化或勸導或予以藥物治療。二千多年來佛教一直在深究人的內心的變化，加以注視省察，且把這種內心的實態予以掌握並從中尋求拯救的方法和悟道之理，而這個探討人類深層心理或深層意識領域的宗教又被喚作唯識佛教，其主要目的是要喚醒人們內心的自覺，找到自己心中的主人。告訴我們，這個有呼吸、心臟正常跳動、有喜怒哀樂的身體是眞眞實實存在，由於有了這個人身才知道要去修行，才能去體會人情冷暖，從中悟到宇宙人生的眞理。

有一首描寫心的偈語這麼說：

三點若星相，橫鈎似月斜，披毛從此得，成佛也由他。

在說明由於心的運作可使人墮至畜牲道亦可使人成佛作祖，就端賴我們如何把握這顆心。《雜阿含經》云：「心惱故衆生惱，心淨故衆生淨」，《維摩經》亦云：「唯其心淨則一切國土皆淨」，不管面臨什麼困難只要對自己有絕對的自信心，都會有解決的方法。而這個自信心的强弱則取決於我們對一件事的看法和所持的心態是悲觀或樂觀。

記得念中學時，有位地理老師，第一天上課時，他手裏拿了一個蘋果，那是十八九年前的事，當時蘋果算是很貴重的水果。老師說：「如果有人送你一個蘋果，而你捨不得一下子把它吃完就把它貯存著，有天當你忍不住那蘋果香的誘惑而拿起它正想一口咬下時，卻發現蘋果已爛了一半，此時你作何想法。有的人會覺得很懊惱，早知道如此當時就全部吃掉它，現只剩下半個，好可惜哦！滿腦子都在憑弔那已爛去的半個而唏噓不已！但換了一個人，他是小心翼翼地把好的那一半蘋果捧在手裏，滿心歡喜的說，幸虧只損失一半我還有半個可享用，眞是有口福，若蘋果整個都爛掉，那我只有嚥口水的份兒！師問你們希望自己成爲那一種人呢？」這一席話深植腦海中，對那半個蘋果，是懊惱是歡喜，這二個心態不正意謂著二種截然不同的人生觀嗎！每當我把得失看得太重或遭遇困難時，一回憶起這席話，也就釋然了。馬上告訴自己：「人不可能一直居於峯頂，也不可能一直處在谷底，總會有辦法的，厄運不可能一直持續下去，黎明前總會有一段黑暗的……逆境是順境之因，沒有長年的地底蟄伏哪來那聲聲悅耳的蟬鳴啊！」

二・心意識的功能

一般人總是把「心意識」混爲一談，其實心、意、識各有其職司功能。《阿毘達磨大毘婆沙論》卷七二云：「心意識三，亦有差別，謂心是種族義、意是生門義、識是積聚義……復次、滋長是心業，思量是意業，分別是識業。這是在說明「心」有集起之義，集諸法之種子，起諸法之現行，亦即第八阿賴耶識。「意」是指第七末那識，恆審思量，此識是我執的根本，生死的原動力。「識」是指眼、耳、鼻、舌、身、意等前六識而言，有「了別」之意，亦即主觀的心對客觀的境有明了分別之功能。《金剛經》云：「凡所有相、皆是虛妄」芸芸衆生，不會其義，認假作眞虛妄分別，大小方圓、高低長短等，即稱爲「打妄想」此即是「識」的作用。

關於第六意識、第七識、第八識的功能、作用和所起之變化——轉識成智，會另有專文討論，此次要談的是八識中位於前方打頭陣的前五識。

三・眼、耳、鼻、舌、身識之會談

有一首偈云：

兄弟八人一個癡，
其中一個最伶俐；
五個門前做買賣，
一個在家出主意。

這是在說明心的八個作用（亦即八識）的譬喻，「五個門前做買賣」指的就是打前鋒的五個識——眼識、耳識、鼻識、舌識、身識，又稱五表識，是我們的五種感官作用。平常各司其職，相安無事。有一天五個兄弟突然想起要來聚聚，談談各人的工作內容，交換一些心得意見也好增進彼此的了解。身為老大哥的這個身體就以自己的家為開會地點召集大家來發言討論。按照高低順序發言。

㈠、「眼睛」首先發言：「我的職司是視覺作用，看的是外界的青、黃、赤、白等顏色；長、短、方、圓等形狀，山川草木等美麗風光。如果我一閉上眼睛，眼前就一片黑暗，人生也就暗淡了。」（但眼盲心不盲的人例外）

㈡、接著「耳朵」也起來講話：「我管的是聲音，以聽覺神經為主，自然界的風聲、雷聲、雨聲、人、畜牲、雞犬等動物的音聲，鐘、鼓、絲竹、管絃等樂音，另外車聲、喇叭聲等皆屬我的管轄區域。如果我罷工的話，那這世間就一片沈寂，聽不到聲音，而無法與外界溝通。又佛陀云：娑婆世界的衆生耳根最利，凡有學習先從聽聞再有記憶。而聽覺也最能直接反應人的感情變化。聽到好聽且熟悉的音樂情不自禁地要跟著哼甚至手舞足蹈，聽到人的讚美，說他好喜歡你，在未分辨眞僞之前，直覺的反應就是心裏很受用、心花怒放，還有……。」「該輪到我了吧！」「鼻子」在一旁似乎等不及似地呼呼作響。以下是「鼻子」的發言。

㈢、「我掌管嗅覺作用，凡是有氣味的東西，不管是香的臭的腥膻的皆難逃我這一關。我所聞到之氣味可分四種——好香、惡香、等香、不等香。好香指的是旃檀、沈香、麝香等，惡香指的是、葱蒜韮薤等，另外等香、不等香指的是資養自身和不能資養自身等區分，視其作用而定。例如痲藥（痲啡）的香，身患重病時可止劇痛是等香，若是常人用來吸食，其香就成了害人的毒品了，是屬不等香。如果嗅覺不靈，香臭就難以分辨，食物是否腐敗聞不出來，甚至瓦斯漏氣也不覺，那就有生命危險了。最重要的是若我一停止呼吸那人的生命也就難保了。」

㈣、「舌頭」也坐不住地急欲表達自己的重要性，終於輪到自己說話。舌頭：「我的任務是辨認所有入嘴之味道。可分成苦、酸、辣、甘、鹹、淡等六種味道。如果我的辨別味覺的功能消失了，那再怎麼昂貴的珍饈佳看也是食不知味，而人生的樂趣也跟著失去泰半。」

㈤、最後是由身爲主席的「身體」起來發言，他說：「我的職責是觸覺。是用皮膚去感受，輕、重、濕、滑、冷、煖、硬、軟等感覺，把手伸到很熱的水中，直接的反應就是——啊！很燙，觸到柔軟的毛毯時肌膚的反應是輕柔愉悅，我很忠實地在傳達身體感官的感覺。」

主席又言：「日本有名的教育學者，賀來琢磨氏主張：『保育從接觸開始』，此意爲人從嬰兒期開始其身心的成長是否正常發展，端賴其雙親和嬰兒之間身體的接觸是否恰到好處，太溺愛或過於疏忽都會影響幼兒日後長大、人格身心的健全與否。因缺乏愛的教育而造成的心理障礙也會給社會帶來問題。」

記得筆者高中時代曾參加過世界女子童軍團所舉辦的團體露營，睡大廣單，一間四十餘人。幾天下來發現有一同學喜歡挨著人睡，而且喜歡人在其身上輕拍才睡得著，甚至若有人擁著她睡，會使她睡得特別香甜。一直百思不得其解，在一次深談中終於了解問題的徵結所在。原來這位同學，家裏兄弟姊妹衆多，且年齡的差距小，她妹妹和她只差一歲，等於她出生後不久其母又懷孕，當她尚嗷嗷待哺時，妹妹已生下來，當然母親無暇照顧她，任憑其在嬰兒床上啼哭，只是用奶瓶止住了她的哭聲，很少將其抱起來餵乳，久而久之，她也習慣自己一個人獨自玩耍而不敢奢望依偎在母親胸懷的溫馨。但長大成人後，一入眠常因缺乏安全感而容易被驚醒，但只要有人在其身邊就感到較安全而容易入眠，其內心深處從小時就渴望被母親抱的需求也會在不知不覺中流露出來。

不用言語，憑著觸覺，有時也能表達內心的情感，例如歐美人士，見面時喜歡以碰觸身體做為打招呼來表達他們的友誼和熱誠。因為身體的觸覺作用使我們知道寒天要加衣，火熱不可觸，電擊會傷人等。而佛教也非常重視這個感覺領域。例如《長阿含經》中有「四食」（段食、觸食、思食、識食）的說法。段食指的是米、麵包等長養色身之食物，思食意謂人的意志，識食是指心是維持生命的資源，長養名、色故曰識食。而觸食指的就是我們的感覺器官，從感受自外界而來的種種觸覺去體會人生的樂趣，例如喜好游泳者感受到水之於身的樂趣，喜登山者，當他爬上最高峯時那迎面而來的清風山嵐吹撫的感觸是其最高之愉悅。

總而言之，主席做結論說，我們這五兄弟對人類而言缺一不可，少了哪一個都不行，而且我們也是人類最忠實最正直的朋友，因爲我們是一點也不虛僞也不造作地如實地在向人類反映我們的感覺；燙熱時我們絕不會反應成冷的；圓形的我們也不會看成方的。雖然我們是這麼地忠心耿耿，但若是加上個老六——第六意識，那就問題複雜。因爲他主意最多會指使我們作不實的判決。例如，遇到自己不喜歡的人和其握手時，手是伸出去了但心裏不是滋味又礙於情面不得不佯裝笑臉去握，對方的觸覺或許察覺不出但第六意識很清楚地可察知誠意不夠。有的人甚至握了手之後還要趕快至洗手間揉擦許久、要把晦氣洗掉。又天很熱時，指使我們儘快找一涼快之處——冷氣間去消暑，或到避暑地度假也是第六意識。

我們心裏都知道，不可以貌取人，要以愛心待人，但現象、境界一來，五種感官功能一時興起，也就忘了那顆博愛之心。例如：我們上電影院，入坐後緊接著旁鄰坐下來的是一個嬉皮，衣衫襤褸，身有惡臭，不自覺地我們捫著鼻子甚至想起身換個坐位，心中或許還要嘀咕——倒霉。但若換一個角度、身旁坐了一位小姐、千嬌百媚，且又不時傳來陣陣名貴香水的芳香，那身體直覺的感受就會覺得很舒坦，如沐春風。在未加以思弁前五官的反應是本能，是直覺地！

四・五根、五識的變現——心轉境優、成所作智

五根　五識　五境（五塵）

1.「眼根」　依眼識　緣色境（赤、黃、白、大小、方圓等）

2.「耳根」　依耳識　緣聲境（風、雷、鐘、鼓、可意、不可意）

3.「鼻根」　依鼻識　緣香境（旃檀、沉、麝、葱、蒜等好香、惡香）

4.「舌根」　依舌識　緣味境（苦、酸、辣、甘、鹹、淡。）

5.「身根」　依身識　緣觸境（輕、重、煖、硬、軟等）

（五根梵語pamcemdriyami五種根之義。五根除能攝取外界之對象外，並能引起心內五識之認識作用，因具有此等殊勝之作用，故稱爲「根」。）

「根」有增上、出生之意義。因爲它會產生作用故具有非常强烈之力量，其也包括

產生作用的地點。以眼睛而言因能見物而產生眼識的作用。而「一目十行」則爲其含藏之力量，發揮這個作用的地點就是眼球或視覺神經。「眼根」是指眼球或視覺神經。「耳根」是指耳朵、聽覺神經。「鼻根」就是鼻腔、嗅覺神經。「舌根」是指舌頭以及味蕾等味覺神經。「身根」是指皮膚和觸覺神經。

這五種感覺器官——根——依其感覺機能——識——而產生——五境——清清楚楚各有所依各顯其境，眼識絕不能由鼻根產生作用，舌根也不可能有耳識的作用。但《大乘莊嚴經論》、《成唯識論》中，有這麼個說法：「如來的五根、諸根互用」。內容是說如來用眼睛來聽聲音、用耳朵看東西，雖很奇妙，但有佛法的世界本就不可思議。這種說法並非只止於如來佛，人世間也可實行。例如，眼睛看不到的舞者卻能演出最美的舞臺劇。眼盲又耳朵聽不到的人能演奏並寫出世界最偉大的曲子。例：貝多芬者是。又如海倫凱勒克服身體的殘障後亦成爲世界有名的教育家。其他以口代手而成名的畫家，眼盲以觸診而起家的名醫等。有很多的成功事例告訴我們，身體的器官，不管哪一方面失去功能、它們之間是可以相互取而代用的。只要生存的意志健在，任何的困境皆可超越。又俗云「視而不見、聽而不聞」，這豈不違反了器官忠實傳達感覺之功能，其實這是前五識的能動性之變現，而承受第六意識所影響。例如一個不抽煙的人，去旅行時決不會去注意街頭巷尾或飯店裏是否有擺設販煙機；而嗜煙如命者，不管旅行至何處，第一個進入其眼簾的一定是賣煙的攤子或自動販賣機。同理，一個虔誠的佛教徒一進大殿是先禮佛三拜後再細細瞻仰佛像聖容；而一個沒有信仰的觀光客，佛像在其眼中或許只是一尊精緻的藝術雕像，沒有禮拜的念頭，直覺的反應就是舉起相機按下快門。

聽錄音機整理筆記時，往往有這種感覺。在教室中充耳不聞，毫無所覺的粉筆聲、窗外的鳥鳴、遲到者的開門聲等，透過機器再傳入耳中的這些雜音竟了了分明甚至比老師講課的聲音還來得清晰入耳。同樣是老師的音聲爲何在課堂上可以聽得清楚，透過錄音機反而模糊？關鍵在於「心」是否專精一致，是否心無旁騖。另一主因是在顯現耳識的能變性，應該聽聞的則聽進去，沒有必要聽的雜音當下就捨去，而機器卻無分辨能力，全盤接收。

嘗云：「三界唯心、萬法唯識」，是在說明宇宙間之一切森羅萬象只不過是八個識所變現的假相而已。例如：山河大地、紅白方圓等色境，當我們以眼識攀緣時，固然覺得一切皆有、但假若將雙眼緊閉，剎那間，景物全失。由此可知我們平日所見之一切境界，是由眼識所變現，並不是心外實有之物。又如：外界種種的音聲。以耳識去攀緣時，可以馬上分辨出什麼音聲，但若將雙耳堵塞，頃刻間，勢必馬上感到萬籟俱寂，由此可知，平時所聽到之音聲是由耳識所變現，離開耳識並無實在之音聲。其餘的香、味、觸等境界，各由鼻、舌、身等識所變現，離此則無實在之香、味、等境界亦可比量而知。

此即唯識家所謂：「絕無離心之境，定有內識之心」之事例。又偈云：「如人所見糞穢處，傍生見爲淨妙食。」此即所謂：「隨福見異、垢淨爲心；業自差殊、實無粗細。」否定以心外境爲實有的謬見，山河大地雖有形體可尋但皆是因緣假合故是「有而非實」。

由於心外無境，所以才會有「情人眼裏出西施」之感覺，年輕時覺得美妙如天樂般的搖滾，熱門音樂等到了老年就視其爲噪音，一刻也受不了，聽不下去。

人心莫測高深變化無常，同樣的事物、因時地的不同感受也不同，所以落難的皇帝在鄉間飢腸轆轆時吃到的地瓜湯驚爲是珍品美味，一回到宮中再品嚐竟難以下嚥。因心識是善變而難以捉摸所以若能如實掌握自心進而去了解他人的心，知己知彼就無事不成了。宋朝的方會禪師有一首偈云：

心隨萬境轉　轉處實能幽
隨流認得性　無喜亦無憂

且讓我們細細咀嚼，品嚐心轉境幽，人生之樂趣吧！

第二章 創造奇蹟的意識

——第六意識的潛能

1第六意識的潛在能力　2分別善惡之識　3意識的定義——轉凡夫識爲妙觀察智

4意識的種類　5五俱意識與獨頭意識

一・第六意識的潛在能力

常言，第六意識或潛在意識，下意識等，這到底是怎麼樣的一個心識呢？夢中的意識又是第幾識呢？它除了最會出主意之外還具有哪些能耐作用呢？在本文中將會有一番交待。一般人提到「心」或者是「精神」時，最先聯想起的就是——第六意識，因其能變性最强，因爲能變所以才能創造奇蹟，才會發揮潛在能力。

我們爬山，在接近峯頂時總會感到自己已經筋疲力盡了再也無法向前舉步，但擡頭一望，前面的同伴在向你招手告訴你目的地就要到了，其實還有好幾小時的路程，但一聽到「就要到了」，彷彿注入一道清泉，好！拼一下馬上就可休息了，這一思惟給了內在潛能一道訊息又能打起精神繼續走，會瑜伽術的人將人催眠之後，使人身體騰空平放，靠的是集中注意力所產生的心力，也是意識的力量所創造的奇蹟。

禪宗的《碧巖錄》中有句話：「熱時……熱殺，寒時……寒殺」，意思在說明熱時更往熱處去，寒時更加挺身勇往寒地。寒、熱是我們前五識中「身識」接「觸」到環境時的感覺，這時，第六意識起了二個念頭來影響人的行動。第一個念頭是找一處涼快的地方乘涼去，第二個念頭是既是熱就讓它熱得夠勁一點，於是就在陽光底下做起健身運動、或登山、或打球……等，雖汗流夾背，精神卻很舒爽。在冷氣間裏雖可得到暫時的涼快，一旦步出屋外，迎面而來的熱風讓肌膚覺得很不舒服，反而覺得更熱。和此相比，熱時，走到戶外、沐浴在陽光下，肌膚雖曬黑了，但汗自毛細孔中盡情地流，把體內的鬱氣、悶氣、毒氣也隨著汗水一股腦兒地宣洩出來，人更顯得有活力，精神百倍。此時肌膚承受熱的感覺，和剛從冷氣間出來，迎面而來的熱潮，其感受是截然不同，而造成這一百八十度轉變的，就是第六意識的能變性。

「熱時……熱殺，寒時……寒殺」並非在教我們如何避暑，其所揭示的是一種處世的心態，凡事要直下承擔，不逃避責任，只有面對諸種困境難關時，才會因經驗而生出智慧，所謂「不經一事，不長一智」，常言：「柳暗花明又一村」，「遇危急時，絕處逢生」，這些都是第六意識所創的奇蹟。

二、分別善惡之識

眼、耳、鼻、舌、身等五種感官作用，這前五識各緣色、聲、香、味、觸等五種境界，此五識僅由單純的感覺作用來攀緣外境，而不具有分別、認識的作用到了第六意識才具有認識，分別現象界所有事物的作用，所以又稱爲分別意識❶。

第六意識即一般人所謂的思想、見解或潛在意識等，在我們的心理活動中，佔一非常重要之位置。西洋哲學中視此識爲「能把握客觀對象之心機能」，廣義言之，即吾人所有經驗從原始的感覺到高度的思考均包括在內。意即此意識亦包含前五識的作用在內。例如，我們去寺院聽經聞法，耳聞說法之聲是耳識的作用，眼睛看到莊嚴的佛像是眼識的作用，但從聞法中去了解佛教的教理，知道善惡皆有所報而心生警惕，這必須靠第六意識才有此感；瞻仰膜拜慈祥的菩薩聖容會油然而生恭敬心，在佛前懺悔發願會感動得涕淚縱橫，這是「第六意識」的作用。又看一張風景圖片，雖是平面，但映現在腦海的卻是一幅有遠近，深淺距離的山水、人物、景色等的立體畫面，這也是第六意識的作用。

在我們的八識田中，以第六意識的分別心最爲强而有力，任何事物，只要經過第六意識的分辨，其好壞美醜，是非曲直立見分曉。在這世間上，個人的榮辱得失，家庭事業的興衰分合，甚至社會風氣的振靡等，無不繫之於第六意識的一念之轉變。故《維摩經》云：「若菩薩欲得淨土，當淨其心，隨其心淨則佛土淨❷。」

在故宮博物院的李霖燦先生曾在雲南麗江調查民俗。有一天，有戶人家辦喪事，李先生看到一位手挾貝葉經卷的老者來喪家唸經，突然領悟到生死眞義。那位老者唸的經文是：「在無量河上流，有三個富女人，她們有金銀滿櫃、騾馬成羣。有一天，她們發現自己鬢毛雪白，才知道自己將有老死。她們聽說有個大都市叫麗江，什麼都有得買，就結伴來麗江買「壽」買「歲」，街頭繞了繞，祇有賣金賣銀，沒有賣「壽」賣「歲」的；她們聽說有個更大的都市叫大理，什麼都有得買，結果那兒有賣吃賣喝的，沒有人賣「壽」賣「歲」；她們又聽說有個最大的都市叫昆明，凡人間要有的，無不具備，結果那兒有賣綾羅綢緞，沒有賣「壽」賣「歲」。三個富婆大哭著回家；走到昆明碧雞關，累了歇口氣，喝口碗茶，回頭對著昆明城一望：祇見滇池的大柳樹，來時綠茵茵，現在已是黃葉爛爛，三個富婆突然領悟，樹木都會衰老，人何能例外？於是心頭悲哀一齊丟下，笑著轉回家！」

喪家聽了，哭泣聲漸漸停頓下來，李先生心頭也感到一陣平和，想自己與衆生本立足於平等之處，所謂生死大事，只不過是自然界的運轉，實在不必艱深探索，淺近之處竟是如此易解。李先生所體會的，也是從自我的偏執，走向通達的生命觀，對於別人的榮華富貴相較於自己的蹇運難堪，也就淡然了❸。對人生的這一層體會與了解其實也就是第六意識的作用。所以我們對如此重要的第六意識，不但要好好地認識它，而且更要妥善地控制它、引導它，切勿使其朝不正當的方向任意發展，若是不隨時加以約束就如同斷了線的風箏很難再追回來，所以那些因一念之差而犯罪者，只有在獄中細細咀嚼那「再回頭已百年身」的滋味。

三·意識的定義——轉凡夫識為妙觀察智

「意識」，梵文原名：mana-vijñāna、西藏語譯爲yid-kyi mam-par-ses-pa.。八識或九識中的第六識。依意而有識，即以意根所依，以法境爲所緣而正確地了別認識各種現象的眞相。且其作用能統攝多種經驗之內容。

此識包含有自性、計度、隨念等三種分別；有善、惡、無記等三性，通欲界、色界、無色界、有漏、無漏；緣三世（過去、現在、未來）的有爲法、無爲法，而取一切境界的總相。因此《俱舍論記》卷三云：「五識各緣自境名各別境識、意識遍緣一切名爲一切境識❺。」

德國有位哲學家——畢加落（一八八八——一九六五）在其《人類和顏孔》的這本書的開頭有這麼一段文：「有一天大文豪蘇格拉底的住處，來了一位很會看相的人名叫鍾畢路斯，他擅長以看人的相貌而斷其性格，很準確。他看到蘇格拉底的臉相，就說那是一張具足各種惡德的臉，在旁邊的一些蘇格拉底的弟子忍不住地哈哈大笑起來，因爲在他們的心目中，他們的老師是聖哲怎麼會具有惡德。只有蘇格拉底默而不言，因為他自己深知他是背負著各種惡德而來出生……」。

被衆人視為聖者的人自知其本性具有種種惡的成分，在其內心深處雖含有惡德，但一方面所流露出來的卻是被稱為聖哲之人所擁有的高貴氣質。這種把惡的本性轉換成高貴、善良的氣質的關鍵所在就是第六意識，也可以說是轉第六意識為妙觀察智的作用。

意識的作用不只是純粹知道的精神狀態，他還包括判斷事情的知性，做白日夢的幻想力、發明家必備的想像力以及感情、意志等各種機能。且可加以分類。

四．意識的種類

第六意識大分有二種㈠五俱意識㈡獨頭意識；㈡獨頭意識再細分有四種、即1.五後意識、2.定中意識、3.獨散意識、4.夢中意識。今分述如下：

㈠五俱意識、就是和五種感官作用（眼識、耳識、鼻識、舌頭、身識）等一起勞動而產生的感覺。所謂的感覺，若光憑外界的刺激那是無法成立其對外界的認識，受到外來的刺激時，須經第六意識加以統合、研判之後方才得知「那是什麼」如此才構成認識外界的條件。例如身體的觸覺感受到天氣很熱，五識的作用僅止於此，而促使我們儘快找一涼快之處——冷氣間去消暑、或到避暑勝地去度假的是第六意識，也就是五識和感覺共同作用的五俱意識。此「五俱意識」尚可分成「五同緣的意識」和「不同緣的意識」。

五俱意識
- 1.眼俱意識——意識與眼識同起。
- 2.耳俱意識——意識與耳識同起。
- 3.鼻俱意識——意識與鼻識同起。
- 4.舌俱意識——意識與舌識同起。
- 5.身俱意識——意識與身識同起。

五·五俱意識與獨頭意識

吾人的第六意識，因其能變性最强，因爲能變所以才能創造奇蹟，才會發揮潛在能力。這個心識包含的範圍很廣，例如我們判斷事情的知性、空想或是想像力感情，意志等皆屬意識。第六意識大分有二種：㈠五俱意識、㈡獨頭意識（五不俱意識）；細分有四種即1.五後意識2.定中意識3.獨散意識4.夢中意識。這些個心理作用，也是要靠五種感覺作用來支持。譬如以舌頭所感受到味覺而言，同樣是一盤青菜擺在面前，因時地不同就會產生不同的感受。菠菜在臺灣很普通，也便宜，所以吃起來不覺得怎麼樣，但日本的菠菜是屬昂貴的蔬菜，所以筆者在日本時很少購買，偶而看到飯桌上有一盤炒得油光翠綠的菠菜，就覺得今天這一頓飯特別好吃。這是心理上的作用左右了菜的味道。我們在不知情的狀況下嚐試的時候，不會覺得很好吃，如果是聽到這道菜來源不易或是價錢很高的話，我們就會認爲特別的好吃，相信這種經驗大家都有過。這種感覺就是五俱意識中的「舌俱意識」——意識與舌識同起。由於第六意識的能變性强，所以它不只是影響我們的感官作用，也會左右我們的感情、意志，改變我們的人生觀，若能如實地將此意識認淸、把握；我們將會活得更加積極、樂觀。今將意識的種類分述如下：

- 第六意識
  - ㈠五俱意識
    - ⑴五同緣意識
    - ⑵不同緣意識
  - ㈡獨頭意識
    - ⑴五後意識
    - ⑵定中意識
    - ⑶獨散意識
    - ⑷夢中意識

㈠五俱意識

1.與眼耳鼻舌身五種感覺同緣的意識

由前五識的感覺再加上第六意識的判斷、思考而起的一種作用。例如，我們在看書時，眼睛一方面在注視著印在白紙上的黑色鉛字，一方面又在識別每一個字的意思，然後去加以了解，這種了解就是「五同緣的意識」。我們的耳識（聽覺）也是一樣，車子的噪音和貝多芬的名曲於耳膜的震動都是一樣的，但由於第六意識的區分，聽起來即有不同的感受。

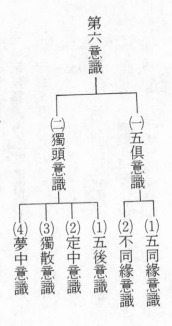

又我們在聽師父講說佛陀的思想時，若只靠聽覺而不用心，那再怎麼尊貴的教法，也難吸收，所以才有聞善言不著意，馬耳東風這種說法。只用視覺或聽覺而不去思索經文的意思就是把一百卷的大藏經都看完又有何意義。縱使擁有超級的優越視力，對外界的認識，精密資訊的吸取若無心眼的分析、思考，又能認清眞相多少。五同緣意識又稱爲「明了意識」，意爲從表面的感覺再更深入去明瞭去了解的一個意識。

2.與五種感覺不同緣的意識

這個意識雖是由「前五識」做開端，但是卻又在想著別的事情，所想之事也並非和前五識完全毫無關係，這就稱爲「五不同緣的意識」。例如，我們聽經聞法，去思索了解那一字一句的意思，這是「五同緣的意識作用」；接著再從了解經意佛法爲出發點進一步地回想起自己以往的種種造業而反省、懺悔，這就是「不同緣的意識作用」。躺在草地上，仰望藍天白雲而回想起遙遠的故鄉也有著一片蔚藍的天空。亦即和自己眼前所看到聽到的並非全然無關係但浮現在腦海中的卻是另一個畫面，由斯情斯景而起別種聯想的心理作用即是「不同緣的意識作用」。因此不同緣意識作用之前，是先有「五同緣的意識」去認清對象之後，才有不同緣的意識活動。

俗云：「葉落知秋」，看到幾片落葉就聯想到「秋」這種大自然的推移，從小光景到大世界，所以才有「一花一世界，一葉一如來」這個境界，這不就是不同緣意識的作用嗎！

聽慈烏夜啼，見羔羊跪著吸乳，會聯想到父母養育我們的辛苦，要孝順以報親恩這也是屬「不同緣意識」。佛教的修行法門中提到「觀心」、「觀法」，由「觀」而產生作用的意識，若將其歸屬在「不同緣的意識」，用眼睛探察事物的最深層，而能觀取到「無常」、「無我」，那這個「不同緣意識」可以說是非常重要的一個意識層面。

但也有一種情形，心中所想的和眼前所見的完全是兩回事。讀書時心不在焉就是最好的實例，腦子想的和書本上寫的是風馬牛不相干之事，這該歸屬於哪一識呢？人的思緒千變萬化，宇宙間的現象亦是幻滅無常，哪一種情況歸到哪一類，若要精確地分門別類劃分清楚是很難，用佛法來分析人的心理作用，目的是希望吾人認清心的各種狀態，知道如何去對治。因爲若只在文字、分類、組織方面用功夫，那就失去學佛的眞正意義，分析意識是只幫助我們能體會到心識作用的巧妙、細緻、變化無常等功用。

(二)不俱意識（與前五識完全不相干的獨頭意識）

1.五後意識

指的是離開五種感官之後，任意、率性的去發展的一個意識形態。在日本時，有一次在東京國立博物館參觀「唐招提寺法寶展」其中有一幀「鑑眞大師」的畫像，當時有一種要拜下去的衝動，因爲在我心目中他那麼的偉大崇高，思緒一下子飄到一千二百多年前的唐朝，那時的鑑眞大師已屆高齡，仍不畏艱辛，歷經十二年歲月在海上五次遇難，第六次才成功地踏上日本的土地，在奈良東大寺，傳授三壇大戒，是第一位把戒律傳到東瀛的中國比丘，當時連天皇在內有六百多位戒子受戒，而那個時候的鑑眞大師不僅是垂垂老矣，且眼睛又失明，但爲了傳授大乘佛法和接引日本的僧眾，不顧自身的孱弱，創建唐招提寺成爲開創日本律宗之始祖。自中國攜去各種的經典、文物、藝術、雕刻等豐富了日本的文化，被日本譽爲「文化之父」。和鑑眞大師爲法忘軀，不辭辛勞的精神比起來，不禁對自己的不夠精進而深感慚愧。哲人日已遠，典型在夙昔，從瞻仰眼前的一幀肖像，即思惟到遙遠的一千二百多年前的人事，這個即是「五後意識的作用」。

2.定中意識

這個識是與「定」（緣專一境、心專注不散）相應之意識，「定中意識」指的是進入禪定的一種意識狀態。

「定」為佛所證悟的三昧，在《法華經》是無量義處三昧、《華嚴經》是海印三昧、《般若經》是百八三昧。綜觀佛的教說，若無此「禪定」，也就難臻大圓滿覺之境地。在修行禪定方面有四禪八定、四無量心、八解脫、禪定波羅蜜等專門的修行法門。本文所說的「定」是每個人當下都能擁有的一種平靜的心境，一種精神的專注集中所產生的定境，這種定境並非一定要在禪堂盤坐終日才可得，在日常生活當中，隨時隨地皆可修行。不焦燥、不煩憂，無論發生什麼事情，於內心不會產生興奮，也不會受到很大刺激，只是自由的在你的腦海中出現，又自在的消失，不會停留在腦海中，也不會受到任何干擾影響，能達到這種境界的心境就叫做「定中意識」。又有一種在坐禪時會發生的幻像之境，這是經由各種妄想所產生的一種異常的心理狀態。在《首楞嚴經》中提到五十個禪定中所生的魔境，坐禪時，眼前突然變得一片黑暗，好像被什麼拉入深谷一般的心情，但有時候，又會感到有一種說不出的喜悅，能看到千尊的佛環繞在自己的周圍，這即是經中所言的幻像魔境，並非吾人所追求的定境。由定中意識所生之定境並不單限於坐禪時，在我們念經拜佛，或抄寫經典時，集中精神意識，處在非常清淨、輕安自在的狀態下也會產生這種定中意識。

記得幾年前家母曾經告訴我，誦經最能使她心靜。有一次正在誦《普門品》時，有人就在她面前吵架起來，甚至大打出手，掀翻桌椅，杯盤落地，她竟然充耳不聞，絲毫不受影響，依舊心平氣和地誦唸《觀世音菩薩普門品》，那一刻的心境亦可說是「定中意識」。

3.獨散意識

這是個單獨作用的意識，與前五識毫無關連。在開會的人常會碰到這樣情形，正當自己神遊太虛時，突然被問到：「您的意思如何？」這下子可好，連現在討論的主題是什麼也不知，搜索枯腸也無半句話只有跟著打哈哈！這種散漫的意識屬於獨散意識的範圍。其他尚包括有：想像力、構思力、創造力、內心的省察、觀念性思考、思想、描繪理想的形象，發大願等作用皆是。被世間的假相或被幻想所迷，使你陷入誇大狂妄的境界也是屬於「獨散意識」；而胸懷大志，很順利地過完這個人生，或是不被現實所拘束、不理會天賦被埋沒，活得怡然自得這也是「獨散的意識」。

積極向前進的精神，獨立自主的人生觀，爲世人謀福利的胸懷，緬懷過去、憧憬未來等的心識活動；遠離「感覺」、「感官」作用的拘束，而能自由創造，自由活動的這個意識叫「獨散的意識」。但若過於重視此識，則被創造出來的東西會脫離現實而沒有實在感。因爲人類應具備的一些基本的存在觀念和經驗是不可或缺，思想和經驗缺了一項即無法圓滿事情，學佛者更應遵循古德先賢所遺留之典範，所以若一味沈浸於自我的領域中，滿足於自己所建的觀念體系中，這種獨散的意識就會形成一種狂人思想，當謹愼識之！

4. 夢中意識

做夢的現象是屬於第六意識的領域。按字面解釋這是在夢中的一種意識活動，和外界的接觸全然無關。以現代的心理觀點而言，「夢」是一種深層的意識，在知、情、意這種一般的意識活動中，所顯示出更深層的內心作用。爲什麼做夢屬於第六意識，因爲在夢裏頭也有故事，也許還和人交談，有這種作用時即屬於「第六意識」。《金剛經》有云：「如夢幻泡影，如露亦如電」，又有人說「人生如夢」，都是在表示「夢」是不眞實，是認識對象的幻影，飄飄忽忽的難以把握，其存在與否無須在意。

「第六意識」另外又叫「五位停心」，是指沒有意識作用的五種狀態。五位是「無想天」、「無想定」、「滅盡定」、「極滅絕」、「極睡眠」。在這當中有一項熟睡的「極睡眠」，也就是說在熟睡的狀態下「第六意識」不可能會有作用，夢只有在淺眠時才會發生。這「五位停心」是意識不產生作用的五種狀態——但是「第六意識」因爲包括了知性、感情、意志和想像力、創造力、潛在能力等的作用，所以在我們的日常生活裏佔了一席非常重要的地位。

第六意識所創的奇蹟是什麼？它可以改變人的觀念，化悲爲喜，以失爲得。譬如一個人丟了他的錢包，非常的懊惱、難過，一整天茶飯不思都在想著那一包本來是屬於自己所擁有的錢財。直到有位法師分析了以下的話給他聽之後，他的心馬上才開朗起來，不再愁眉苦臉了。

師云：「這包錢假設還沒遺失，你可能會直接拿回家，拿回家存在金庫裏也不見得保險，也可能會想，人生難得幾回醉，何不痛快地喝上幾杯再說，酒興一來順路就到了賭場，十賭九輸，如此一來不僅身上的錢都輸光，還因爲意志不清醒而寫下了很多借據，以後的下場也就可想而知。假設沒去喝酒，半路上出現了强盜，錢被搶走，身上還挨了一刀，和丟掉錢比起來，你要選擇那一條路呢！寧可丟了錢也不願挨一刀或欠下滿身的債吧！如此一想，塞翁失馬焉知非福，還需要此事耿耿於懷嗎？若想法不改變，煩出病來不就更得不償失了嗎！看你惱了一天，妻子、小孩都遠離你，不敢跟你講話，你自己也沒心情做生意，這些損失，豈只是你所丟的那一點點錢所能彌補的。錢財是五家共有，有福有德者居之，千金散去還復來，唯有快樂的心境，溫馨的家庭是金錢買不到的。再頹喪下去，值得嗎？」

這一席話改變了那人的觀念，馬上在其意識田中如此思惟：我怎麼這麼傻！錢再賺就有，我煩惱什麼，就當做善事一件和人結緣不也很好嗎？果眞如師父所言，發生了那些不幸之事，要錢何用，豈不比丟掉錢更慘！想開了，好加在！胸中的陰霾、鬱悶一掃而空，觀念想法一改變，整個人如同再生般地有了光采和笑容。這就是第六意識所創的奇蹟啊！

註釋：

① 「言意識者，即此相續識，依諸凡夫取著轉深計我、我所，種種妄執隨事攀緣、分別六塵，名為意識。亦名分離識，又復說名分別意識。」《大乘起信論》（《大正藏》卷三二，頁五七七中）。

② 《維摩詰所說經》卷上〈佛國品〉（《大正藏》卷十四，頁五三八下）。

③ 《一個心理學家的筆記》，余德慧博士著，頁一五三。

④ 《阿毘達磨俱舍論》卷二：「分別略有三種：一自性分別、二計度分別、三隨念分別，由五識身雖有自性而無餘二，說無分別。」（《大正藏》卷二十九，頁八中）。

(1)所謂自性分別者，謂於現在所受諸行自相行分別，如五識緣五境、耳聽聲、舌辨味等。

(2)計度分別者，謂於去來今不現、見事思構行分別。例如：見深山中冒起白煙而推知有人遭山難而向外求援之訊號。

(3)隨念分別，謂於昔曾所受諸行追念行分別。例如：整理相片時看見影中人的表情而追憶起往日歡樂的時光。

自性分別表現在，計度分別可通現在、過去、未來，而隨念只限於過去之事。

⑤《大正新修大藏經》卷四十一，五七頁中

第三章

人類自私的根源爲何——轉染成淨、平等智

1我執的根源　2第七識的定義　3四種根本煩惱　4小我與大我　5染淨的末那識

6自我意識的形成　7第七識的能變性　8轉利己欲爲平等性智

一．我執的根源

在日常生活當中，環繞在吾人周遭一切，皆離不開一個「我」字，「我的家、我的衣服、我的書、我的錢、我的公司、我的……」，由於心裏面「有我」人的想法就有所侷限，凡事以自我的立場來評估，「這是我喜歡的，這是我要的，那個不合我胃口……」不知不覺地就陷入「自私自利」的漩渦中而不克自拔。促使我們有這些想法的是哪一個心識？那是潛藏的本能，還是習慣使然呢？

現在就讓我們來探討它的本來眞面目。

有一次聽師父提到有個人要來學佛，他家裏的人耽心他不習慣寺院的生活，怕他受苦，就準備了電視、冰箱、車子……等器具要讓他帶來；師父說，要來可以，但東西不要帶來。師云：「你雖說東西給常住用，但一旦有人打開電視來看，你心裏會想，他們在看我的電視；有人打開冰箱儲存食物，你也會想，那是我的冰箱；有人坐車出去辦事，心裏想著：那是我的車子，不曉得會不會被碰壞……，你的心老是惦記在這些東西上面，還能安心辦道修行嗎？」

將心比心，我們是否也曾有過因耽心東西借給人家會有折損而予以拒絕的經驗？辦公室的東西丟了不緊張，只有自己的東西被挪用或不翼而飛時，那種焦慮難捨的心境，只有當事者才體會得出。這是哪一個心識在做怪呢？是八識中的第七識，名爲末那識。

《瑜伽師地論》第六十三卷云：

末那名意，於一切時；

執我，我所及我慢等，思量為性。（《大正藏》卷三十，六五一中）

《八識規矩頌》的「七識頌」云：

隨機執我量為非，貪癡我見慢相隨，

有情日夜鎮昏迷，四惑八大相應起。（《卍續藏經》卷九十八，二九四——二九五）

由上引文可知，第七識是自私的心識，是我執之根源，亦爲吾人生死之關鍵。衆生之所以在六道中輪迴，在滾滾紅塵中轉不出來，其癥結即在第七末那識的「執著自我」上，第七識的我執，一天不勘破，生死也就一天不能超脫！

二・第七識的定義

第七意識，梵文manas，音譯末那，義譯爲意，此具思量之能，通常緣第八阿賴耶識的見分思量，是我執與法執的根本，又稱染汚識。

此識義譯爲「意」，與前回說過的第六意識有何分別？第六意識，猶如思想或意念的工具，從意「依情感變化或意志」而生識，是屬依主釋義❶；而第七末那之所以爲意識，是依其具有執著之意，謂第七識爲第六意識所依之根，屬持業釋義❷。故《成唯識論》卷四云：

是識聖教別名末那，恆審思量勝餘識故。

此名何異第六意識，此持業識如藏識名。

識即意故，彼依主釋，如眼識等，識異意故。

然諸聖教，恐此濫彼，故於第七但立意名。（《大正藏》卷三十一，十九中）

思量，意即思考、判斷、衡量，是心去緣境的一種作用，廣義地說，通於諸識，亦即什麼識皆含思量意，今只以第七識爲思量，意爲此識的恆審思量，的確是勝過其餘諸識。「恆」是相續不斷之意，「審」是深明細察之意。第八識雖不斷相續具有「恆」的意思，但因任運（任其自然發展）分別而不深明，所以缺乏「審」的意思。第六識雖細察分別具有審之義，但在時間上因有間斷而不相續，所以有審無恆。至於前五識，不但沒有相續之「恆」，亦缺細察分別之「審」，可說是恆審俱無。而第七識，從無始以來時刻相續而不間斷，而緣第八識的現象時，又極深明的計度分別有我，所以具恆審之義。末那識所思考的是以自我爲中心的一個利己的意識，執著第八阿賴耶識（現象界的一面）爲眞實之相。故《成唯識論》卷五云：

第七名意，緣藏識等，恆審思量為我等。（《大正藏》卷三十一，二十四下）

又卷三云：

唯此識名窮生死蘊，說一切有部增壹阿含經中，亦密意說此名阿賴耶。謂愛阿賴耶、樂阿賴耶、喜阿賴耶、欣阿賴耶。（《大正藏》卷三十一，十五上）

《入楞伽經》云：「藏識說明心，思量性名意，能了諸境相，是說名為識。」《解脫經》云：「染污意恒時，諸惑俱生滅，若解脫諸惑，非曾非當有。」為證明末那識的存在，《成唯識論》卷五中有〈二教（入楞伽經和解脫經）六理〉之說。（《大正藏》卷三十一，二十四——二十五）

這個被第七識所「愛、樂、欣、喜」的「阿賴耶」就是末那識所執著的對象，也就是自我，換句話說：即是自己才是最可愛，任何事皆以自己為出發點的一個自我本位的意識。

在昇平之世，我們很容易做到博愛慈善，對即將溺斃者，馬上施以援手，但是在性命交關時，大限來時各自飛，是否還有心去照顧他人，有待考驗。小時候曾看過一部影片，內容描述一艘大客輪因撞上冰山而傾斜且有沉船之可能，當時甲板上擠滿了人，爭先恐後地要坐上救生艇逃命，有限的救生艇當然容不了全船的人，此時船長雖下命令老弱婦孺先上艇，但有一些年輕力壯者仍然搶著上，秩序大亂，甚至有人被擠落水中也無人搶救，在那一刻人性眞實的一面表露無遺。是高貴的、是自私的，從其行動即見分曉，只見船漸漸地下沉，救生艇上載滿了人，甲板上仍留有許多人在等著，忽地有人被推落海中，只因排在其後者已不堪久等，隨著幾聲驚呼，那人已被浪淘襲捲而去，肇事者不顧衆人異樣的神情，早已一腳跨進艇中硬擠，誰知此艇一下水即因超載而翻覆……。而留在甲板上的人卻因援船及時趕至而全數獲救，那些急於乘艇逃生者，卻成了海龍王的東床快婿。所謂天理昭昭，自私害人者天地不容，那一幕至今仍深印腦中。此自私的心識無事時潛伏，有境界來時即引人造惡業，學佛者當認清其本來面目才好對治。

三・四種根本煩惱

前文提到第七識是以自我為中心的識，此種心態是凡事皆站在自己的立場來打算的意識，不單是一個，據《成唯識論》言共計有十八個（心所）心的作用。除了惛沈、掉舉、不信、懈怠、放逸、失念、散亂，不正知等隨煩惱之外，還有「我癡」、「我見」、「我慢」、「我愛」等四大根本煩惱，稱為「四惑」。《唯識三十論頌》第六頌云：

四煩惱常俱，謂我癡我見，

并我慢我愛，及餘觸等俱。（《大正藏》卷三十一，六十中）

㈠、「我癡」梵語ātma-moha就是不知道自己本來面目，《成唯識論》云：「我癡是無明，於無我之理有迷」，「癡」是不明道理，對事物的見解有偏差。迷於自心所變之我相以爲眞實，末那識一起，這四個煩惱也跟著起作用。一切惑障之生起，皆以愚癡爲前導，故知由我癡，而有其餘三種煩惱的生起，因此稱其爲無明煩惱之首。

無明有二種，㈠、「共無明」，謂與貪慢疑等一切煩惱心理相應而起的，換句話說，無論什麼樣的煩惱心緒當生起時皆雜有無明。㈡、「不共無明」，又分二種，1.獨行無明，也有二種①是有意識的與忿怒等心理現起的無理智狀態。②是無意識與忿怒等心理現起的無理智狀態。2.恆行不共無明，即是指與第七識相應的無明，與第六意識的無明有異，故稱爲不共。常常執著我，此無明無始以來恆有，障礙眞如智，故稱恆行。

常見有人家有喪事，即用白布將佛像全部遮掩，問其原因，答云：喪事是不淨的，故需要與佛隔離以示尊敬……。淨土經典嘗云:須仰仗佛力接引才能往生西方，而此種以布遮佛的想法，乃是與佛法不相應，愚癡也!又常有婦女問道，老人們嘗說生理期間身體不乾淨，或坐月子時不可以去寺院拜佛，也不可拿香，是眞的嗎?當然不是眞的，隨時皆可禮佛。佛法所謂的清淨與否並非是指外在或表面的淨穢，意指內心是否清淨而言。所以《維摩經》的〈佛國品〉云:「若菩薩欲得淨土，當淨其心，隨其心淨則佛土淨。」(《大正藏》卷十四，五三八下)

《百喩經》卷三:有這麼一則寓言，內容:有一個國家，每逢國家慶典之日，全國婦女慣以美麗高潔的青蓮花做髮飾。有一個人家的妻子也很想要一朵青蓮花，她向丈夫强求:『你若不能給我一朵青蓮花，你就沒資格做我的丈夫，我也只好永遠地離開你啦!』這位窮人無錢購花，又想滿足妻子的願望，就設法去偸。這人生平擅長模倣鴛鴦的叫聲，現在爲了偸國王池塘中的青蓮，乃潛入裏面模倣鴛鴦的叫聲，誰知驚動了守衛，這時候，守衛奇怪地問:『誰在池塘裏?』窮人一時緊張，竟忘掉要模倣鴛鴦的鳴叫，而失言的答道:『我是鴛鴦。』他立刻被逮去了。守衛帶他去見國王，半路上，他很巧妙地發出鴛鴦的叫聲。守衛說：『如果你早這樣叫，也就沒事了，現在叫有什麼用?你該鳴時不鳴，不用鳴時，你反而鳴起來，這不是最愚蠢的人麼!』世間的人往往在臨死的時候，自己才想到有很多該做而沒有去做的事，或是行善布施等。臨終才來懊悔!這不就像窮人最後才模倣鴛鴦的鳴叫麼?!

㈡、第二個根本煩惱，「我見」梵文ātma-dṛṣṭi，執著於有實我之妄見，據《大乘起信論》載，分二種，⑴人我見，即執著於色、受、想、行、識，等五蘊假合之身心為實我。⑵法我見，即妄計一切法皆有其實在體性。在辭典上的解釋是，使自己狹窄的看法、見解。和末那識相應的我見，是一種不服輸、任性，硬要人認同自己的看法的心態，這種心理往往在我們不自覺當中流露出來，一些强人主義者大都有這種傾向。嘗云：「四大本空，五蘊非我。」告訴我們人的身體是無常，隨著歲月的流逝會漸漸毀壞，但執著自我的這個心識，會驅使人去使用各種珠寶飾物來裝扮自己，甚至去動手術整容，希望成為人間尤物，結果是不得不戴墨鏡出門，或是天氣一變就鼻腫、眼酸等。

我癡，是認不清自己的本來面目，消極的做一些傻事。我見，是把自己幻想成無所不能的人，賣力地積極地去做種種的自我表現，礙著了別人也不自知。我癡和我見，一爲消極，一爲積極，可以說其具有互爲表裏的關係。

㈢、我慢，梵文ātma-māna，以自我爲中心的一種傲慢心，《成唯識論》卷四云：

我慢者，謂踞傲、恃所執我，令心高舉，故名我慢。（《大正藏》卷三十一，二十二中）

這種驕傲，輕慢的心態，第六意識也有，但第七識的我慢更深入一層，是從我們都查覺不到的內心深處所生起的一種分別心，輕視別人的心。看到能力比自己差的，就表現出一種瞧不起的樣子，和自己旗鼓相當的，心裏就想：「哼！也只不過爾爾！」這就是一種「慢」的心態。慢又有1.慢2.過慢、3.慢過慢、4.我慢、5.增上慢、6.卑慢、7.邪慢，共計有七種慢。不承認對方比自己優秀的心理是慢過慢，增上慢就是對於不了解的道理也裝成一副已成竹在握了然於胸的一種虛榮的心態。人生的幸福與否並不在於才智的優劣，而是取決於身處順逆諸境中所抱持的心態爲何？每一個人都有自己完整的一個人生，如何去把它經營成一個充實且妙趣橫生的人生主權在個人。若只是一味地在意別人所擁有的一切，一直意識到有一個對手在和你競爭，甚至以爲周遭的人都比你强，你也想盡辦法要强過他們，這種「對抗意識」是第七識的「慢」心，是一個震源地，不僅會傷害別人，也苦了自己。

在森林中住有一隻兇猛的老虎，自己稱王，牠下令每天要吃一隻動物，經過三個月，森林的動物都快被吃完了，剩下的羣獸急忙開大會，謀求對象，這時被譽爲森林才子的兔子出來說：『我有一個妙計，可以驅逐那隻老虎，明天就讓我去吧！』老虎是每天早晨用餐，這一天牠一直等到中午時分，兔子才到了老虎面前，老虎非常生氣地吼著：『好大膽的傢伙，爲什麼到了這個時候才來？』兔子一點也不畏懼地說：『大王，請你原諒，早上我到這裏來的途中，在路旁的井裏有一隻像大王一樣的王，而且比你更勇猛，牠抓住我，不放我走。是我對他作種種哀求，說要帶更多可口美味的食物來，這才請到假，因爲這個緣故，才遲到了。』老虎一聽竟然光起火來，說：『什麼？另外還有王？那個井在哪裏？帶我去！』兔子帶領老虎來到一口深水井旁告訴牠：『另一個大王，就在井裏！你看！』老虎向井裏一探，果眞裏面有如自己一樣的大老虎在怒視著牠，於是就不顧一切的猛然跳下去，想抓另一隻老虎，其實是與牠自己的影子搏鬥，殘暴的老虎因爲傲慢自大，不肯輸人，所以溺死在水中。不肯在人之下，難道驕傲就會勝利嗎？有首禪詩云：

從來硬弩弦先斷，每見鋼刀口易傷，
惹禍只因閒口舌，招愆多為狠心腸。

所謂「謙受益，滿招損」，傲慢自大的人，容易吃眼前虧，如同此首禪詩所言。

㈣、我愛，梵語ātma-snena，又稱「我貪」，謂對於色身的這個我，深生耽著，對舒適的環境生貪愛。《成唯識論》卷四云：

我愛者，謂我貪，於所執我深生耽著，故名我愛。（《大正藏》卷三十一，二十二中）

「愛」有二種，有染污的愛和無污染的愛。對父母、師長的敬愛就是無污染的愛。西臘有一則神話云：有一位名爲納爾西斯的神，是個絕世美男子，他被水中所映現出來的自己的影相深深迷住，竟而溺斃，後來水中長出一朵花來，就是現今的水仙花。人常在獨處時對著鏡子顧影自憐，卻很少在公共場合的鏡中仔細的端詳自己。

以上的四種根本煩惱都以「我」爲依止，在心理過程中有其一定次序，即是先對世間道理或佛法眞理缺乏理智的了解而生無明（我癡），次以爲自己所認識的皆正確（我見），根據這種自以爲是的見識而踞傲（我慢），由此也就耽溺於自我欣賞（我愛），這四種煩惱是一環接著一環，一層比一層深。「這是我的」，「這件事對我有利」，「與其到最後我什麼也得不到，不如趁現在先下手爲强」，像這類都是爲自己的方便，站在自己的立場，以自我的觀點來選擇一切的人生觀，這是第七識顚倒執著汚染的一面。

四．小我與大我

人類自有史以來，從未能去實行眞正的自由平等，原因就在於每個人都有一個自私的「我」，從自私的我去經歷種種學習的經驗，而有「我見」。這個以自我爲中心的知識見解，有了思想系統，組織具體化，在政治上就提倡什麼主義、什麼政策；在文化思想上就說是什麼哲學或理論思想。這些主義或理論，能在社會上、羣衆之中，生起一種信仰的力量時，他的見解即成為那個時代的潮流。因此世間上的知識見解，都是依據個人的智能和社會的經驗而產生。其出發點就是「私我」，因為有了私我，就必然會起一種相對待的「你」與「他」；有了你我！就有「我是你非」，「我們的見解正確；你們的不正確」；「我們是民主，你們是不民主」。於是由此引起煩惱爭執，引發感情，引發行動，帶給人類社會的痛苦，享受不到自由平等的快樂。這裏所謂的「私我」的心理，以唯識學的觀點來說，就是末那識的妄執。

第七識的特點雖在執「我」，但「我」有「小我」和「大我」之分。一個人的自我發展，自我享受，這是太偏狹的「小我」。而所謂的社會意識、民族意識、國家意識等，這裏所謂的意識就是較大的「我」的核心。「不忍聖教衰，不忍衆生苦」。由於憐憫心、慈悲心的作用、擴展而成以羣衆利益為宗旨、為發展的目的，這種胸懷就是「大我」。從私欲到為羣衆謀福利，這是打破私我之後的境界。

目前最為人們所津津樂道的話題是——東西柏林之間的圍牆倒了，企盼了這麼久，在我們還來不及爲這麼美妙的訊息歡呼時，事實已呈現在眼前。最高掌權執政者的一個念頭的轉換，可以改變世局，可以及時爲社會大衆帶來自由與歡樂。所以一個國家的前途如何？關鍵在於執政者的「一念之間」，怎不誡之！慎之！這「一念之間」的心識誠然是末那識的作用，因此我們知道第七識，不光只是自私、利己，最重要的是它還有一個清淨的層面可以來造福社會羣衆。

五・染淨的末那識

前文提到第七末那識由於恆常以自我爲中心，又和我癡、我見、我慢、我愛等四種根本煩惱相應，所以是人類自私的根源，這是屬於「凡夫位」的「染汚末那」。這個有染汚的末那識具體而言，即是處處以自我爲中心的意識。例如：照相時喜歡站中間，還希望鏡頭正對著你。當我們坐在駕駛臺前開車時，往往會對出現在眼前的行人或騎機車者按喇叭，會感到許多阻撓，嘀咕其爲何不讓路而與車爭道；又換一個立場，當我們是行人或騎車者時，也會不時地埋怨開車者不遵守交通規則，不讓行人先走，阻礙了自己的行動自由。這些都是潛藏於末那識中的利己主義在作怪，也是以自我爲中心來看社會的一種現象。

一切衆生自無量劫以來，之所以處在六道輪迴之中，不能解脫，其關鍵所在即在第七識的「執我」上面，由於第七識之我執，而生種種的煩惱障礙，覆蓋眞實智，導致迷惑顚倒、造業、受苦、循環不已，遂使衆生在生死流中不能自拔。因此《成唯識論述記》卷五云：

此四（四種根本煩惱）常起，（中略）體是不善，令外六轉識恆成雜染。（中略）故名煩惱。述曰（《成唯識論述記》）：有情由此四煩惱故，恆執我等生死輪迴，不能出離。（《大正藏》卷四十三，三九五上）

由此可知，第七識的執著自我的自私觀念一天不破，吾人的生死即一天不能解決，因此，學佛而想了生死的話，如何把「凡夫位」的「染汚末那」小我，轉到「聖位」的「清淨末那」大我，應是極爲重要之課題。

六・自我意識的形成

我們在什麼樣的情況下才會有自我意識的形成，或是以自我爲中心的觀念出現。有二個原因：第一個原因是由於第六意識的「分別我執」而來，由於第六意識的「分別計度，執爲實有」❸而產生我相和我的觀念。

第二個原因是由於第七識的末那識，執著阿賴耶識的見分爲我❹。第六意識是緣我根身（身體）和我周圍的器界（宇宙萬象的一切事物）而執爲我，都是執境爲我，這種「境」（現象）是有間斷性的，因此第六意識的執我作用是不持續的。於此所要强調的是屬於下意識層面的末那識所執的自我。末那識恆以阿賴耶識的境爲實我，「思量」其爲自我。因阿賴耶識是不間斷的，故第七識的所執亦有連續性。正由於這種所執是恆常是無間斷的，可作爲第六意識所執的所依。換言之，當所意識到這是我的身體，我的房子、我的車子……等即生起我相時，這我相的生起，雖是意識上的事，但末那識的我執早已隱伏於其中，作爲意識具體顯現我相之所依。因此《成唯識論述》記卷一：

此我法相雖在內識，而由分別似外境現；諸有情類無始時來緣此執為實法。如患者患故，以此種種外境相現，緣此執為實有外境。

《唯識三十論頌》的第五頌云：

思量為性相（《大正藏》卷三十一，六十中）

意爲此識以思量爲其本質，同時也以思量爲其作用；性是本質，相表作用，又相又可稱「業」，是一種行爲造作。性和相如何區分？譬如：水但有濕潤的性（本質），它的作用（相）即是洗滌、解渴。若水不具有濕潤性的本質那就無法產生洗物或解渴等作用。像煩惱如大地，堅硬是它的性，在其上能承載萬物，建有高樓大廈是其相（作用）。若其性不堅硬像泥沼，人一在上面行走馬上就陷了下去，更別說是建築物。

「空」的性是無礙，又稱虛空無礙，由於空性無礙，故容納一切的存在，能容萬物的作用就是空的相。所以性和相各有特色。由於性和相有所區分故有性相學，强調且著力於相（作用）的部分而產生的學派即稱爲法相學，而詳細究明一切法之存在的宗派就稱爲法相宗。例如事情不順人會生氣，怨憎就是生氣的性，由怨恨而起的不安和惡行

(犯罪)即是瞋怒的相(業)。喜好古董的人,看到寶物展覽,心就繫縛在那上面,不自禁地想擁爲己有的那一念,是染著貪欲的性,標價太高無力購買,所產生的求不得之苦即是貪欲之相。

而末那識直以恆審思量貫穿它的本質和作用,是其最大的特徵。因喜愛自我而產生的一種自私的心態是性(本質)同時也產生相(作用)。故頌云:「思量爲性相」。

七・第七識的能變性

《唯識三十論頌》第五頌云:

次第二能變,
是識名末那;
依彼轉緣彼,
思量為性相(《大正藏》卷三十一,六十中)

在佛教心理學上,有所謂的「三能變」:一、「初能變」,指的是第八阿賴耶識,也就是最深層的內心的能動性，下一次會提到。二、「第二能變」，指的是末那識的能變性。三、「第三能變」，亦即前文已提到過的「第六意識所創造的奇蹟」。

「能變」是梵文Parinama之意譯，音譯爲「巴利那摩」意指「能變之識」、其和「所變之境」有相對的作用。由內心的能動之識而去影響外在的所變之境。我們依靠自己過去所累積的經驗，來規定今天所認識的領域，這就是初能變。而第二能變，是一種自我的約束；由於末那識的利己性、自我中心性，使吾人所認識的範圍更狹小或歪曲，同時行動也受侷限。

末那識把「自我」當作所緣、當作對象，除此以外，一切都不去理會、不去注意。雖如此，末那識又畏懼去知道眞正的自我。就如同身體不舒服時，會產生一種矛盾心理，怕去看了醫生會被宣佈感染了某一種病，因此拖延不去，但又很想知道到底患了什麼病，如果是輕微的也好早一點放心。這種心識的作用應屬於末那識的作用。

第七識的能變性就是把這個不敢面對現實以及侷限在自私自利的——小我，以平等的眼光將其變成大無畏有包容性的——大我。

頌文「依彼轉緣彼」，是在說明第七識的所依和所緣之意識，「彼」是指第八阿賴耶識❺，「依」有仗托義和不離義，識的所依有三種，種子依，又名因緣依。《成唯識論》卷四云：

諸心心所皆有所依，然彼所依總有三種，㈠、因緣依，謂自種子，諸有為法託此依，離自因緣，必不生故。（《大正藏》三十一卷，一九中）

每一法的生起，各有其自類的因緣種子，依此自類種子而得生起是屬親因，其他的助緣則屬疏緣。例如，面對同一境界而有苦樂不同之感受，這也是由於自類的業的種子之招感所致。東南亞人視為水果中之王的榴槤，不敢吃的人一聞其味就掩鼻。又如一水四見之喻：天見寶莊嚴，魚見為窟宅，人見清如水，鬼見如膿血。同樣的事物，由於業力所感不同，感受有異。

㈡增上緣依（又稱俱有依），《成論》卷四云：

謂內六處，諸心心所皆託此依，離俱有依必不轉故。（《大正藏》卷三十一，十九中）

「增上」是扶助義，謂增加其助緣，促其發展之意。「俱有」是互爲因果，謂前五識和第六、七、八識，相依不離；前五識的眼、耳、鼻、舌、身，起作用時以第六意識爲其感覺作用之所依，而第七末那識則潛伏於第六意識之依層，成爲第六識（知、情、意）之所依，而第八阿賴耶識的俱有依則是第七識。就二者的關係而言，第七識爲能依，第八識爲所依。實則八個識的心、心所皆有所依，若無此「所依」則諸法不生起。例如，聽同一張唱片，由於聽者心境（老少）所依之不同，感觸亦各異。看一則新聞，也由於自身情感之下意識所依的對象有異，而受感動度亦不同。尤其是閱讀到報導自身好的新聞時，更是百看不厭，有意無意的還會去告訴人家，某報某一天登了我的新聞。

㈢等無間緣依，又名開導依，《成論》卷四云：

無間緣依，謂前滅意；諸心心所皆託此依，離開導根必不起故。（《大正藏》卷三十一，十九中）

「等」是相似義，「無間」謂時間上相續無間斷之意，空間上無第三者滲入。心意識前後相似生滅轉變而無間斷，名曰等無間。我們的心、心所法，前念爲後念所依，曰等無間緣，心、心所法若無等無間緣，即不生起，不能轉動，故一定是前念滅，後念方生，前念與後念無絲毫空隙，故云無間。又名開導依者，即開避引導之意，前面之刹那心念滅後，爲開後念刹那生起之道路。若以形成人格的意識而言，前一刹那的意識應和下一刹那的意識相呼應，如此才能持續其人格的統一性。這是以佛法的立場而言。但世人之心態變化多端，前心所想的和後念所欲做的往往不一致，才會有「三心二意」的情形出現。而一些不守信用，或投機取巧者皆有此心態。

大徹大悟時的心念轉變亦是屬於開導依，和前大不相同的是，這是一種捨愚進賢、超凡入聖的心態，也就是捨去小我而將大我引導出來之境。

「依彼轉」，「轉」有二義，一流轉義，第七識本身相續不斷之流轉，二隨轉義，第七識依第八識而轉，故說依彼轉。在第七識未轉之前，即吾人尚未覺悟眞理以前，它一味地執取第八識爲所緣之境爲「實我」，到了轉成平等性智時，小我轉成大我，和一切境界水乳交溶，這個「平等性智」就是打破私我，悟契眞理的一種高尚之智慧。

這個智慧會促使我們去認識眞理存在的平等性，而去探索無我的眞實與實態，從有染污的末那到清淨的末那。以自我爲中心的觀念心態，當它向四面廣泛的散開來時，利己會變成愛他，愛天下的父母如同愛自己的父母一般；在一瞬間，原本過去只注意「自己」的那種狹小的眼光，因濟世的「一念之仁」，會有一百八十度的大轉變，以平等心來對待一切事物，利己性即轉變爲慈愛性。就如印度的阿育王早期因性情殘忍，殺掉自己的兄弟九十多人，而被稱爲「暴政的阿育王」，有一次見到戰場上屍體如山，血流成河，一念悲愍心起，即改信佛教，並且以佛法來治國，將一些道德規範刻在崖壁或石柱上流傳至今，被後人譽爲「正法的阿育王」。

八・轉利己欲爲平等性智

末那識的能變性，就是將利己的惡性轉變爲利益大衆的善性，也就是平等性智。前不久在報上看到這一則軼事，頗有深意，節錄於後：

市場上有甲乙在對罵，嗓門非常大。

王陽明聽了，就對門人說：『這是在講學呀！』

門人去聽了一會，駁正老師的說法道：『分明在吵架！』

王陽明笑笑說：『甲在說：「你沒有良心」乙回敬道：「你沒有天理」，談天理、問良心，這不是講學是什麼呢？』

陽明先生頓了一頓，接著嘆了一聲道：『可惜只知道責問別人，如果是自己反省天理與良心，那何啻是講學，天下的「道」也就在這兒囉！』

從這個故事裡就可以領悟，原來「道機」是盈徧於天下，只要虛心去體認，可說是「隨觸隨動」，皆可悟道。賢人與愚人的差別，也原來只在賢者能責備自己，愚者只責備別人而已。

不肯責備自己，就等於絕了聖賢的路；只喜歡責備別人，也就傷了天地的和氣。責備自己，需要很大的勇氣，西方諺語說：「世間最大的敵人是自己」。既然如此，能自己降心改過的人，就天下無敵了。子路是一位大勇的人，最大的勇氣就在「聞過則喜」，能夠自責改過的，就是勇士，古諺道：「自勝之謂勇」，眞勇的人是克服自己，而未必一定要戰勝別人❻。

可見，要成聖賢或入凡愚，端賴於自身的一念心識（末那識）之轉變，所以祝世祿在《羅碧齋小言》裡說：「見人不是，諸惡之根；見己不善，萬善之門。」天下的有道無道，善惡的肇因就在這兒呀！

眼前所見的皆是別人的不是，即是一種小我的心態，也是諸惡之根源；若所看的所檢討的皆是自己不對，以責己、謙恭之心態待人處事，則開萬善之門。這也就構成能造福社會人羣的「大我」之心境。

爲何要追究第七識

前幾篇提到人的心識有八種，一、「眼識」能見色。二、「耳識」能聽聲；三、「鼻識」能嗅香；四「舌識」能嘗味；五「身識」能感受觸覺；這五種感官意識是最顯明也是最先爲人們所了解，總稱爲前五識。第六意識能思想事理、能分別是非，能由潛在能力而創造奇蹟；亦能因外界的刺激打擊而導致心神顚狂，此屬「獨散意識」。以上的六識，一般的心理學也都有提到，但佛教的唯識哲學，將人的心理構造再往深一層分析，而提到第七識第八識或第九識而形成佛教的「深層心理學」。

分析這個深層心理學使我們得知人生苦的根源在於我執，唯有破除我執，徹底把這個自私的心識抽絲剝繭一層一層地剝開方能探尋到蘊藏著的眞如清淨自性。

《維摩經》云：「何謂病？所謂攀緣；云何斷攀緣？謂心無所得。」意謂，人的心之所以會生病，就是太在意外在的一切，看不開放不下那些暫時爲自己所擁有的事物。若能心不攀緣外境，不起妄念；心不被自我所執，得大自在，這就是心的解脫。

若心有成見，老是覺得那是「我」所討厭的人，那你對他的所做所爲只有更加的不歡喜，若在一起共事，甚而會起一種寃家路窄的感覺，倒霉！怎麼喜歡的人不來，討厭的人卻偏偏又得在一起。假使你知道這只不過是第七識所起的分別心、我慢心，不去上當，不受其左右，你就能換一個角度來欣賞他。其實他也有善良的一面，他的細心、勤勞，他對小孩子的慈愛等，從這些個方面來看他，就順眼多了，所謂「百年修得同船渡」，有緣才會在一起共事，怎不珍惜；眼前都是有緣人，怎不滿心歡喜，這一念的轉換，將怨敵變作親誼，討厭的也成爲如意。

如布袋和尚所言：「滿腔歡喜，笑開天下古今愁；大肚能容，了卻人間多少事。」所以說：「參禪何須山水地，滅卻心頭火自涼。」若能了知第七識所生四種煩惱——我痴、我見、我慢、我愛；和生三種我執❼——生我、法我、無我等執著，而不為所動，就不會因為世俗的成見，自私的心態，蒙蔽自心，看不清眞相。心中去除了我見、我慢等陰影之後就會坦盪盪光明磊落，清淨無事，能臻心包太虛，量周沙界之境。夢窗國師有首偈云：

青山幾度變黃山，
世事紛飛總不干；
眼內有塵三界窄，
心頭無事一床寬。

凡事看開，不起執著時，即使睡在一張窄床上，都會感覺到法界的寬廣無邊，眞個兒是吾有法樂不樂世樂，享有佛法天地寬矣！

註釋：

① 依主釋，梵語tat-puruṣa。翻譯梵文的六種方法（六離合釋）之一。其作法為先將複合詞加以分列解釋（離釋），次再總合解釋（合釋）其義。依主釋，即複合名詞中的前節之語，作為名詞、或相同名詞，而後節之語為其從屬之格。例如「山寺」即「山之寺」，王臣，即「王之臣」之意。

② 持業釋，梵語karma-dhāraya，即前節之語對後節之語，有形容詞、副詞或同格名詞之關係者，故後節之語常為名詞或形容詞。如「高山」即「很高之山」之意；「極遠」，即「非常遠」之意。

③ 拙著〈創造奇蹟的意識〉上《普門雜誌》一二二期頁八五——八八。

④ 同前〈人類自私的根源為何〉《普門》一二四期頁六七。

⑤ 吳汝鈞著《唯識哲學》頁四一。

⑥ 《成唯識論》卷五：「第七名意，緣藏識等，恒審思量為我等故」（《大正藏》卷三十一，二十四下）

⑦ 黃永武著「諸惡之根源」聯合報第二九版，一九八九年十一月二十四日。

⑧三種我執——

生我：執著此有生命的色身為真實存在。

法我：執語言文字所表達之法為真實。

無我：執「無我之我」為善不欲人知，在功德簿上簽了個「無名氏」內心深處仍有無名之名。

第四章 生命的根源爲何

1最深層的意識——第八識 2阿賴耶識的定義 3第八識的異名 4善與惡的本源

5初能變——轉第八識成大圓鏡智

一・最深層的意識——第八識

上一章提到第七末那識是處處以「自我」為中心的意識，由於利己主義在作怪而產生種種煩惱。但若能把這種為自己設想的「小我」進一步地透過智慧的思考後轉換為一種力爭上游為大衆謀求福利的「大我」時，這個原本為人所厭的自私之根源的意識即刻成為利他平等的慈悲之根源。

在《談心說識》諸文中，我們已談過「前五識」是最忠實的五種感覺意識，誠摯如實地反應從外界來的感受，也提到由於第六意識的判斷作用，才使我們產生主觀的喜好或厭惡的想法。也有了想像力，知性、感情、意志等意識的生起。若將此意識好好把握，則感情就不會輕易為人所動搖，對人生會生活的更加積極、樂觀。

除了以上所述之外，還有一項非常重要的是——形成一個人的性格、氣質的因素，應該如何去說明呢？從身體、語言、內心的活動過程等行為中去構成一個人的人格。具體言之，例如，大學時代的同學或朋友，在分別十年、二十年之後，將會發現，每一個人因其職業不同、生存環境不同，而各有其風貌、品味。經過長時間的心路歷程，會改變一個人的模樣，如果是長年修習佛法的人，只要一眼，就能覺察出他與衆不同的地方。諺云：「近朱者赤」，常受清淨佛理熏習，人格自然高雅。

西方某個國家的大會堂，有兩幅壁畫，流傳著一個啓人深省的事。

有一年爲慶祝聖誕，請一位有名的西洋畫家畫一幅聖嬰誕生在馬廄的畫，徵求天眞無邪的嬰兒做模特兒，有很多母親寄來相片，很快就找到一位非常討人喜歡且具有聖潔氣息的嬰兒。二十幾年後，同一位畫家又接受委託畫一幅魔鬼撒旦的壁畫。這下子，模特兒不好找，誰會歡喜承認自己有張魔鬼的嘴臉。找了許久沒有中意的，容貌醜陋的雖有但卻不夠兇惡，有人建議畫家到死刑囚牢去尋找，果然有位屢次殺人搶劫的犯人符合了畫家的要求。經過看守者同意，畫家就準備在獄中做畫，當他向犯人提到二十幾年前被委託畫聖嬰時，那位嬰兒的純眞無邪的臉孔讓他至今難忘……，現在不知近況如何，想必生活得很好吧！正說著，只見那位連聆聽被宣判死刑也不掉淚的犯人，已淚流滿面，他哽咽地說到，昔年的那位嬰孩就是現在的他……。畫家幾幾乎乎不敢相信，他心中的聖潔嬰兒和眼前這位滿臉兇暴戾氣的犯人竟然是同一個人……。是哪一層的心識構造形成這種截然不同的性格差異。

一個人的內心有多層構造，最深的那一層像深淵一般，黑濛濛地不見底，我們將它稱爲「第八阿賴耶識」。偈云：「披毛由此得（淪爲畜生道），成佛也由它」說的就是這個心識。

每一個人都有他獨特的爲人與品格，或是他個人的特殊韻味，形成這種氣質的起源是從哪裏產生出來，這個代代相傳的生命的根源又來自何方？現在我們就要開始出發來探究內心最深層的旅程。

一・阿賴耶識的定義

阿賴耶識是產生一切存在的根源體，譬如看文章這件事，透過眼睛的感覺器官，有看見的作用，再隨著文章的高潮起伏而使內心有所感，這些都是由「阿賴耶」所產生。

「阿賴耶」，是梵文ālaya的音譯，原爲「收藏」、「儲存」之意思，因此ālayavijñana也漢譯爲「藏識」。此識是貯存各種經驗的場所，就如同通過相機的鏡頭而將一切的風景如實地印在相紙上一樣，我們的精神活動或者是身體行爲的結果，立即以「種子」的形態根植於阿賴耶識中，而這個被深植於阿賴耶識中的種子，經過一段時間的貯存、成熟，其結果又產生新的存在現象。

語云：「不經一事，不長一智」，接觸的層面越廣，苦難越多；承擔的責任越大，智慧的增長就越快。換句話說智慧就是累積各種經驗的結晶。中央日報曾經刊載過「我們走過的路」一系列的眞人實事的文章。他們所走過的路，每一處曲折陡峭的小徑上都有一樁動人的事件，讓人於閱讀之間，不期然地聆聽到那心血汗淚揮落的籟籟響聲；體會到那種舉步艱辛的愴惶；但也感受到他們樂觀進取的堅忍卓絕。

如臺灣省政主席邱創煥先生的求學生涯，幾經波折也不灰心喪志，反而更加努力奮鬥；又如幼時被鐮刀砍傷頭，自己找青草敷傷口，感染細菌之後才去求醫，醫師在沒有麻藥的情況下，硬把結疤剖開，擠出膿血，他自始至終不曾掉過一滴眼淚，那種堅韌強毅的性格實令人感佩。

又朱炎博士所描寫的童年，是生活在這一代的人所難以體會到的。

臺大文學院院長朱炎博士一輩子也忘不了捱餓的滋味，而他所描述的飽受飢餓折磨的情狀，的確是這一代年輕人匪夷所思的。

「飯館的廚房是我最常駐候的地點，蕎麥麵的香味一陣陣傳出，飢腸轆轆的我只有乾呑沫，可是廚子跑堂們卻對我視若無睹，甚至從前頭收下來的殘湯剩飯都不捨得給我，尤其甚者，他們還放出狗來咬我！有一天我終於受不了了，當著母親的面把小竹籃丟進了草堆……『我不去了！再也不去了！挨人家白眼不算，還要被狗咬，我、我……』愈說愈是傷心，不能成句。」

直到大學時代猶有一頓沒一頓的朱院長，服預官役時接受傳令兵端送的飯菜時，竟難以相信他這一生有這麼一天，有人把飯菜送到面前來！然而朱院長從那個苦難、貧困的時代走過來了，且讀了許多書、到國外深造，並且在文學的領域內馳騁攀越！

由上述之例可知，那些成長的心路歷程所積聚的經驗結晶，那種刻骨銘心的感受是無法用「前五識」或第六意識、第七識來囊括說明。所以阿賴耶識所含蓋的領域很廣。

它包含生命存在的這個自然界、器世間，表徵生命形態的肉體——有根身，以及各種感覺，知覺、思考等主觀的認識作用——前五識以及六、七識，皆由根源體的阿賴耶識所變化產生。由於阿賴耶識將一切存在以一種「種子」的形態儲存起來，因此另有一別名爲「一切種子識」（sarva-bijakah vijñanam）

阿賴耶識，是「心識」的一種，因此具有認識對象的作用，由於此識的認識作用是吾人的意識層面所經驗不到（不可知asamvidita）的微細面，此即阿賴耶識被一般認爲是深層心理的原因。此第八識既是表層的意識領域所觸及不到的深層心理，因此是意識的根源體，如同洶湧的河流（瀑流）毫無休止地不斷活動著。

如《解深密經》卷一：

阿陀那識甚深細，一切種子如瀑流，我於凡愚不開演，恐彼分別執為我。（《大正藏》卷十六，六九二下）

又《成唯識論》卷三中引《阿毘達磨經》云：

由攝藏諸法、一切種子識，故名阿賴耶，勝者我開示。（《大正藏》卷三十一，十

四中）

經文中的「阿陀那識」、「種子識」都是第八阿賴耶識的別名，還有其他異名，下一節再敍。佛唯恐凡愚之輩於此甚深細之理，不能證解，反而起分別心，妄執爲我，起惑造業，墮諸惡趣，障生聖道，所以不爲「凡」（無性有情）「愚」（愚法二乘）開示，只對「勝者」（有特殊理解力，最上乘根機者，指對於唯識道理能信解者）而說。

又《首楞嚴經》卷五：

陀那微細識，習氣成暴流，真非真恐迷，我常不開演。（《大正藏》卷十九，一二四下）

這是佛唯恐凡夫及二乘人，於眞妄和合的阿陀那識，分析不清，以眞爲非眞，或以非眞爲眞，多增疑慮，所以不說。另外《八識規矩頌》云：

二乘不了因迷執，由此能興論主諍。（《卍續藏經》卷九十八，二九〇下）

意爲，緣覺和聲聞第二乘人，對於識只知第六識爲止，他們以爲六道升沈，苦樂果報，都是從六識而來，尚不知有第七識更何知有第八，二乘人執著有我所以成爲迷執。

由於這些原因，佛不曾對智慧較淺的小乘人說過此識，（第八識）因此他們不知。而大乘論師，如《成唯識論》中，廣引經頌教理，證明確有此識，所以才說「由此能與論主諍」。

在我們的八種心識當中，前六識的活動，比較顯而易見，因爲我們可由常識來體驗它，譬如：眼識緣色，耳識聞聲，乃至意識了別世間的法則道理，一般人不論學佛與否，都能了解其一、二。但七、八二識的行相則微細難知，不但世間聰明睿智者難窮其底，即使出世間的聖者，如聲聞、緣覺，也難通達。所以佛陀說到心識活動時，對於根機差者只說到依六根及所緣的六境之不同建立差別的前六識，至於六識之外尚有微細的心識之事，佛只對「勝者」開示。讀者諸君同是「勝解者」方有緣共遊此最深層的心靈旅程。

三・第八識的異名

㈠在原始經典中的名稱

第七識是我執的根本，前章已簡介過，今僅略說第八識。關於第八識世尊在經典中說有四名。

⑴根本識　在「大衆部」的經典中，以爲第八識是眼、耳等六識所依止故，猶如樹根是莖幹枝葉的根本，故稱第八識爲根本識。

⑵有分識　在「上座部」的經典中，稱第八識爲「有分識」。「有」是「三有」（三界之異名），「分」是「因」義。唯此第八識常無間斷且周徧三界，能爲三界有情生死之因。

⑶窮生死蘊　在「化地部」經典中，稱第八識爲「窮生死蘊」。因第八識偏於三界九地，恆常而有，但有生死處，即常偏爲依，直到大乘「金剛喩定」❶（等覺菩薩所入之禪定，其體堅固，其用銳利，猶如金剛，能斷盡最極微細之煩惱而證佛果），煩惱盡時方捨，所謂「金剛道後異熟空」，故稱第八爲「窮生死蘊」。

⑷愛阿賴耶，樂阿賴耶，欣阿賴耶，喜阿賴耶　在「說一切有部」《增一阿含經》中，說第八識有四名：依於貪著三世總別之境，立「愛阿賴耶」名；依於貪著現在境，

立「樂阿賴耶」名；依於貪著過去境，立「欣阿賴耶」名；依於貪著未來境，立「喜阿賴耶」名❷。

第八識含義頗多，在《成唯識論》中，又舉出七種名稱：（《大正藏》卷三十一，十三下）1.心 2.阿陀那 3.所知依 4.種子識 5.阿賴耶 6.異熟識 7.無垢識等異名。

(二)在大乘經典中的名稱

第八識有多種異名，今將其含義和特徵敍述如下。就《成唯識論》卷三所云之七種異名作解釋。

1.心

有一個人，年輕時候喜歡眞理，並爲之孜孜不倦，崇尚美德，一心一意要成就勇敢、誠實與善良的人格；日子就這麼一天一天的過去，他忘了曾經愛眞理崇美德之事，覺得生活很空虛，沒有永恆的感覺。

往昔我們喜歡詩歌、散文、文學書籍，常激動地讀著感動得流淚，我們視人際間的友誼是世間的至情，眞摯而美麗；日復一日，曾幾何時，純眞的友誼變了質，於我有利者方是朋友。看感人的電影不再有眼淚，鄙視文學的價值意義，祇覺得人生當實際……，在我們心中本來有著的清純黃金，卻在不經意的歲月廝磨中，成了破銅爛鐵。

在一顆潔淨的心中，糞土亦閃耀著黃金的顏色，可是在汚穢者的心中，美好的黃金只有染上銅臭才是珍貴的。在有慈悲愛心者，一顆小草都有澎湃的情懷、莊嚴的生命；可是在銹鐵者的心中，小草只是供踐踏的東西，不値得一顧。

是誰在主宰著我們，使我們這顆心忽而潔淨忽而汚穢。是現實生活的逼使嗎？亦或是存在價値觀的改變？這都只是表象上的，眞正的根源在「心」，由於它不斷地在俗事俗人裏染著、附著、依著，於是，看到的事物不能清清楚楚地反映出來，率眞成了惡意的批評，如此的「心」急氣亂卻渾然不覺。然後捫「心」自問，活著活著，是爲了什麼？

以下就讓我們一起來尋找吧！

第八阿賴耶識是人類最深層的心識，有多種異名，以《成唯識論》所云之七種異名做解釋，1.心，2.阿陀那識，3.所知依，4.一切種子識，5.阿賴耶，6.異熟識，7.無垢識。今先說明「心」之意義。

《成唯識論》云：由種種法熏習種子所積集故。……謂契經說雜染，清淨諸法種子之所集起，故名為心。（《大正藏》卷三十一，十三——十五中）

是在說明第八識攝藏了宇宙諸法的種子，這些種子因受環境、經驗——等客觀條件的熏習，其性各有不同。

「心」之一語，通凡夫、二乘、菩薩、佛等一切位。諸經論中，有以心、意、識，通名八識。也有以第八識名心，第七名意，第六名識；而有時心，心所法都統名爲心，或兼色法亦名爲心，如心臟之肉團心等。

《般若經》云：「於一切法，心為善導。若能知心悉知眾法，種種世法皆由心。」

《圓覺經》云：「以淨覺心知覺心性。」

慧沼的《最勝王經疏》卷三：「諸識現行集起，名積集心，唯第八種子集起，名為積集最勝心」。

《攝大乘論》卷一亦云：「何因緣故亦說名心？由種種熏習種子所積集故」。

「熏習」是一種自然受熏，力量很大。例如常在禪堂靜坐者，其身每天沈浸在香嵐中，身自然而然周身充滿檀香的氣息。小孩子常隨母親去寺院拜佛或聽一些因果報應的故事，看忠臣節烈報國等戲劇……等，長大成人後自然受此影響而不敢隨便造惡，怕遭報應。而長久居住在盜者中的人沒有人教導，不以爲竊取他人財物是不正之事，等到身繫牢獄才懊悔萬分，可見環境的熏習予人的行爲影響有多大。目前大家重視「環保」，即表示已認識到環境的優劣將會影響一個人身心的成長。就像一張白紙，本來沒有香氣和顏色，把它放在香爐上一熏，白紙就染上了檀香的氣味和黃顏色。這種熏染的過程，叫熏習，白紙上所含的香氣和所現之顏色即爲「習氣」。人的一生從小到大，隨著各種環境的熏染，積集了各類受熏的種子，以此而構成人的性格。

《華嚴經》〈十地品〉第六地：「三界虛妄，但是一心作」

此所謂的「一心」，瑜伽行派是把它解釋爲阿賴耶識。由心造業而感得三界的果報，是「由心所造」的唯識❸。

《解深密經》卷三：「我所說識所緣，唯識所現故，……此中無有少法能見少法，然即此心如是生時，即有如是影像顯現」。

是在說明凡是我們所認識到的一切，並沒有一種所謂客觀獨立存在的本質。當我們心識現前的時候，心上必然會起一種境界相。由於錯誤的認識與執著，覺得它是離心存在的外境。實際上，那所認識的境相，只是自心現起的影子。這種唯識思想，是立足在認識論上，從能知所知的關係上探討，是考慮所知的眞相而發現的，可以稱爲「即心所現」的唯識。

又如無性著《攝大乘論釋》卷一：「心體第三，若離阿賴耶識無別可得」

由此可知「心」即是阿賴耶識的異名。

2.阿陀那識

《成唯識論》云：「或名阿陀那，執持種子及諸色根令不壞故。」（《大正藏》卷三十一，十三下）

阿陀那識以何爲定義?梵語（adana）阿陀那，譯云「持」。

《成唯識論》卷三又曰：「㈠以能執持諸法種子，㈡及能執受色根依處，㈢亦能執取結生相續，故說此識名阿陀那。」這其中所謂的三種含義，欲從粗至細，從淺及深，則須從後解釋起。以下爲印順法師在《唯識學探源》中的說法：

⑴能夠執取結生相續的意思：結生相續是指煩惱、業、生三法而言，也就是平常所說的惑、業、苦，由煩惱造業，由業而結生。結生是表示初受生時結胎以做爲生身的根源。又從這一生到那一生，從本身到死有，再從死有到中有，由中有到後有，應該有一個恆長無間斷的意識於其中執取，使其相繼不斷；如果沒有這個意識，則死了之後便斷滅，便成大過。《首楞嚴經》第二卷，曾云：波斯匿王曾依止外道而起斷滅的邪見，心中常懷悲憂，聽過佛陀開示以後，悟到了生死相續的道理，明白從生趣生（五趣四生），捨身受身，變者受滅，而不變者本來就沒有生滅的道理之後，得大歡喜。所以斷滅見的意思，是人一旦死了之後就永遠消滅了，亦即覺得人生毫無價值，因此，必須要去了解恆行無間，執取結生相續的阿陀那識。也就是說：明白了執取結生相續的道理，便能對治凡夫外道的斷滅邪見。

⑵能執受色根依處之義爲：眼、耳、鼻、舌、身五根，稱爲色根，亦即指淨色根而

言，粗色根爲根所依處，總此名爲色根依處，也就是衆生一期生命的報身。此一期生命的報身其統攝之有爲諸法在刹那無常的衆法聚中，而能使一期的生命相續存在，不散不壞，便是因爲有此阿陀那識執受的緣故。執受是指執爲自體，令生覺受之意。而色根依，是指有情身，依處，也通器界，外器世界；這一物與那一物相妨礙，這一粒微塵與那一粒微塵相礙，也都是由於有此識執持而不喪失的緣故，只是不生覺受罷了。章太炎曾經說礦物、植物有身識——見《齊物論釋》；探究他的論證，實與身識無關，而是由於阿陀那識執持的原故！而章太炎不明白這個道理，誤以爲是身識，而身識只是和覺受痛癢等觸覺有關罷了。執持每一個事物的自體而互相阻礙的原因便在這裏了。

(3)能執持諸法種子之義爲：諸法包括一切的有爲法，可分爲二大類：一是有漏有爲，即雜染法——異生法。二是無漏有爲，即清淨法——聖者法。種子又可分爲「業種」——異熟習氣與「法種」——等流習氣二種。各各現行諸法，都是由自類的種子引發的，均等流類，名等流種；業種即是思心所的種子，是思心所心王與善染等心所的活動作用，以自己所起的現行對照自類的種子，亦等流種，但同時卻有特別的功能，能夠增上統攝其它的諸法。譬如一國的統領，就自體而言，就像既是國裏的一個人，而同時又有總領全國之作用，業種便是如此，這是他與別者不同的地方。業種也通有漏、無漏。但種子只是一種潛在的功能，沒有現行的法體可得，如果沒有一個現行法為之攝藏，便會散失而不復存在也。因為不存在所以無法起現行，無法起現行便會失去一切的世法與出世間法。而能夠攝藏這種潛在功能的，便是阿陀那識。又生無色界者，因為沒有色法，又何能執持種子呢?再說，心所法也不能執持種子，是因為其不自在的原故。前六識也不能執持種子，由於無想、滅定等位無此前六識的原故;第七識雖恆常不間斷，也無法持種，是有覆無記性之故。經由菩薩轉成清淨智位，然後生起諸染法，無此道理。由此可以知道:只有阿陀那識，無覆無記，一類相續而能執持諸法的種子❹。

如何知道有阿陀那在執持?主要在於有知覺的活人，其所表現的認識作用，就是眼耳等的前六識，這前六識的活動作用，在悶絕、熟睡的時候會暫時宣告停頓，儘管它們停頓不起作用，但生命還是活潑潑的存在，身體也還是完整無恙的，與生命結束的死人有著很大不同，原因就是還有微細的精神覺受，而這維持生存的微細精神作用，就是阿陀那識，證知它和執受有著特深的關係。

3.所知依

《成唯識論》卷三：「或名所知依，能與染淨所知諸法為依止故」所知，指偏計所執、依他起、圓成實的三性。這三性，因爲是一切心法之所知的，所以說名爲心。而這識爲這些三性所知的諸法之所依止，所以得有此名的安立。

《攝大乘論講記》說：「佛法不外乎轉迷啓悟，轉染成淨的實踐。轉迷啓悟與轉染成淨的關鍵，即是知。智、明、正見、正觀、正覺、般若、阿毘達磨，這些都無非是知的異名。在聲聞乘中，以知四諦爲主；在此唯識大乘中，即以知三性爲主。此三性，即眞妄、空有與染淨，爲大乘學者所應知的。」此應知自性染淨眞妄（指三性），如知道它的因緣，即能使之轉化，轉化妄染的爲眞淨的。

《楞伽阿跋多羅寶經》卷四：「如來之藏，是善不善因。……為無始虛偽惡習所熏，名為藏識，生無明住地與七識俱。如海浪身，長生不斷。離無常過，離於我論。自性無垢，畢竟清淨。」

是在說明，阿賴耶識的產生，一方面是依如來藏心，另一方面是依無始來的虛妄習氣。在這眞相的如來藏，與業相的虛妄習氣相互交織之下，才成立其爲阿賴耶。因此從一切法依阿賴耶識而生的方面看，是雜染諸法的所依；另一方面看，也正是迷悟關鍵所在。迷、悟、染、淨，都依藏心而有。這雜染的習氣，反應到清淨的如來藏心，因而成爲阿賴耶識，現起一切的虛妄之相❺。

從阿賴耶雜染種子所生起的，即依他起染分而成爲偏計執性的生死；如對治雜染的種習，熏成清淨種子，即能轉起依他淨分而成爲圓成實性的涅槃，這與根本佛教的緣起中道一樣，「此有故彼有」，即緣起流轉生死。「此無故彼無」，即緣起的還滅而涅槃。轉染成淨與轉妄爲眞是可能的，而衆生不能，病根在無知。所以大乘佛教的修行，以契入應知自性的眞智爲道體。

4.一切種子識

《成唯識論》卷三：「或名種子識，能徧持世間諸種子故」。

此識乃執持一切法之種子而不失之識，爲阿賴耶識之別名。《成唯識論》卷二：

「此能執持諸法種子，令不失，故名一切種。」（《大正藏》卷三十一，七下——八上）

又《攝大乘論釋》卷二（《大正藏》卷三十一，三二八上——中）：

「謂有能生雜染品法，功能差別相應道理，由與生彼功能相應，故名一切種子識。於此義中，有現譬喻，如大麥子，於生自芽有功能，故有種子性；若時陳久，或火相應，此大麥果功能損壞，爾時麥相雖住如本，勢力壞故，無種子性，阿賴耶識亦復如是。有生雜染諸法功能，由此功能相應故，說名一切種子識。」

此識以能普偏的執持有漏、無漏一切的種子，所以叫做一切種子識。就是種子為所持，此識是能持。種子之識，依主得名。所以，其雖名為現行賴耶，但有時亦名種子賴耶，在論典中亦經常的發現。所謂現行賴耶、種子賴耶，因第八識向有持諸法生起之因的種子之特徵，所以這識以現行為中心而說以外，又以種子為中心而說，前者叫做現行賴耶，後者叫做種子賴耶。現行賴耶，雖指現在行轉的賴耶，就是第八現行識，但種子賴耶，是指賴耶所藏的種子沒有現行。種子賴耶用賴耶之稱的，畢竟是顯示種子的所在。現在這種子識，也是持種子的識，就是種子之識依主得名的解說。現行賴耶名雖說是普偏的，但種子賴耶名卻是稀有的，所以有時爲種子即識的持業得名❻。

「人爭的只不過是一張紙罷了！」曾聽到一位在寫新聞稿的人這麼說過。怎麼說呢?人爲什麼爭一張紙?

兩人相戀，爭一張結婚證書；孩子出世，努力供他唸書，爭的是一張文憑；工作以後，爭的是鈔票……。當時聽了這個解釋覺得十分有趣，但也有深沈的悲哀，因爲這些「紙」的價値都是我們人定的，後來卻爲它爭得頭破血流。

「可靠的不是人，而是人的修養。」這是王邦雄先生在一篇文章中的話。人性是惡、是善，自古爭論到現在，每個哲學家也各持己論。其實也是有道理的，人能把握的人性只有自己而已，但有許多時候人也不能夠約束自己，因此也有人說「人性是不可以試驗的」；人生在世，因爲活著，就有許多狀況會出現，許多事情要解決，而可以主宰一個人行事時的公正與否，只有靠他平日的修爲。這些平日的修爲就是種子的熏習，熏習就是心理上和行爲上的活動作用。每一個活動熏成一個種子。種子由第八識保持不壞，遇緣生果。所以我們的起心動念，就是熏習造業。例如不能「忍一時之氣」是因

（種子），「起爭執」是緣，「從此不相往來」是果。

第八識所含藏的種子無量無數。約其類別如下所述：

㈠依生起說┬本有種──又名本性住種──先天的──本能的。
　　　　　└新熏的──又名習所成種──後天的──學習的。

㈡依有無漏說┬有漏種──三界六趣中受生死的種子。
　　　　　　└無漏種──對於入道生起後，入見道時乃至阿羅漢與佛果位的出世種子。

㈢依三性說：有善種、惡種、無記種，都屬有漏。

㈣有漏法種又有三種：1.名言種子、2.我執種子、3.有支種子（業種）。

又種子的異名今略舉七種：1.種子、2.習氣、3.功能、4.界、5.隨眠、6.粗熏、7.親因緣。

5.阿賴耶識

《成唯識論》云：「或名阿賴耶，攝藏一切雜染品法令不失故。我見愛等執藏，以為自內我故。此名唯在異生有學，非無學位不退菩薩有雜染法執藏義故。」（《大正藏》

卷三十一，十三下）

「或名阿賴耶」，譯爲藏，有能藏、所藏、執藏三種意思。是梵文ālaya的音譯，意爲橫躺於底層，是（ā-lī埋沒）這個梵文動詞所衍生出來的名詞。例如，hima雪，tālaya埋沒之處，合成一詞爲himalaya喜馬拉雅，意爲大雪山。爲雪所埋沒之處。

能藏、所藏、執藏，爲阿賴耶識自體之相，今略說之。

(1)能藏義：阿賴耶識自身是能藏，前七識心心所法及其他一切法的種子是所藏，是此第八阿賴耶識所執藏故。一切法必有種子爲因緣，方能生起，所以此識是宇宙的本體。我們造的業種子和我們的名言習慣心識活動的種子，爲此阿賴耶識所攝藏，後遇緣時方能生果，故此識亦爲人類生命之本體。在未生果前，這些種子攝藏在阿賴耶識中，不失不壞。我們舉心動念都會熏成種子，經云：「若人散亂心，入於塔廟中，一稱南無佛，皆共成佛道。」這念佛的一念，就是一個種子，作將來成佛的因。可是這一念種子，經無量劫而不失不壞，就是因爲它攝藏在第八識中的緣故。

(2)所藏義：第八識自身是所藏，前七識行轉識及其相應諸法，是能藏。因爲在現行的果位即現生命上，第八異熟果識被前七轉識所熏所緣，故第八識又是所熏、所緣，前面七個心心所法，又是能熏、能緣。我們現在所活動的、所覺察的一切心理現象，就是前七識的活動。第八識被包圍在這些活動之中，故爲所藏。因爲它是無記性，故能受熏成種子。現行果法，就是我們現在的這個生命的總體。這總體的活動在表面上只有前六識最明顯，第七識就不易覺察了。但是第七識對第八識是親切纏縛著，因此我們前七識活動爲能熏，就是能藏；阿賴耶識表面上無力活動，是所熏，就是所藏了。依此二義，這第八識——阿賴耶識是遍一切法的，與一切法和合不離的，就是宇宙萬有之心體，也可以名爲宇宙心。

⑶我愛執藏：這正是說明第七識與第八識的關係。第八識是永遠相續不斷的，乃至成佛亦不斷滅。人生的觀念，總以爲有個常住不斷不壞的生命存在，這個常住的生命總體，就以爲是「我」。這就是第八識被第七識執持以爲「自我」。所以這第八識體就是「我體」。人生的我執我見，自他分別，物我不平等的觀點，就是從此發源的。第八識是所愛執藏著，第七識是能愛執藏者。「我愛」本指第七識相應的我愛自私心理。由

此，我愛也就表示了第七識的特性，是愛「我」執「我」的；第八識被此我愛心理所執藏，故云我愛執藏。人類的「私我」觀念從此種心理關係上所產生，故阿賴耶識作「我愛執藏」。以上的三藏義，是說明阿賴耶識的自體之相。

這個阿賴耶識的名，可說唯在凡夫「異生」（指一切衆生且包含有不同種類各異故）位及二乘「有學」位才有。因此大乘唯識的立場說，凡夫從無始來，有此識之名存在，固不成問題，但就大小乘行者方向，可分開而言。就小乘行者言，從開始修學到有學聖者；就大乘行者言，從開始修行到七地菩薩，不論時間經過多久，於中此識皆名阿賴耶，因它一直爲現行我愛之所緣。可是到了八地以上的不退菩薩，和二乘無學的極果，那時第七識不起我執現行，亦即它不再爲現行我愛所緣，不再有「我執」，因而第八識就不得再名爲阿賴耶識，所以《成唯識論》說「非無學位，不退菩薩，有雜染法執藏義故」。也就是說，到了無學聖者，八地以上的不退轉菩薩，就不再起我愛執藏。

6.異熟識

《成唯識論》云：「或名異熟識，能引生死善不善業異熟果故。此名唯在異生、二

乘、諸菩薩位，非如來地猶有異熟無記故。」（《大正藏》卷三十一，十三中）

異熟，梵文爲vipaka，原意爲「與前因異時的結果已經成熟了」。「以前的因」指的是過去的業（行爲），而「已經成熟的果」就是阿賴耶識。所以衆生在生死輪轉中所感受到的苦樂果報，就是由此識去感受。如作善業，就感受快樂果報，如作惡業，就感受痛苦的果報。雖因中所造的或善或惡有所不同，但到受果報時是「無覆無記」，所謂「因是善惡，果唯無記」。換句話說，現在的自我生命其存在主體的本質如同一張白紙沒有善惡，所以任何東西才能攝入其中。

一般的宗教只分爲善、惡二種，而佛教卻別立了一種從任何一方面也無法判定其善惡，亦即不屬善也不屬惡的價值觀；例如肚飢而食，無屬善惡是無記性，此爲佛教價值觀的一大特色。

異熟識是阿賴耶識的果相，因爲異熟是從果上立名的，要具備三個條件才能叫異熟果識。(1)業果義：其自身一定是善惡業所感召的果報；(2)不間斷義：謂一期果報不斷，就是一個生命，從生至死，雖是有期限的，但從入母胎起至死亡爲止，名曰一期果報。

雖可明見，但這只是這個身體的生與滅，其實，生命體是無限的，不間斷的，不因身體的死亡而間斷。⑶遍三界義：此異熟果必遍三界九地，如今生在欲界，來生或可到色界、無色界。前五識則不能遍三界，如鼻識與舌識色界就沒有了，無色界中五識皆無。故《成唯識論》云：「此是能引諸界趣生、善不善業，異熟果故。離此，命根衆同分等，恆時相續，勝異熟果不可得故……此識果相雖多位多種，異熟實不共故偏說」（《大正藏》卷三十一，七下）

此異熟識，不論是凡是聖，其所有果報，皆由善惡業所感，沒有哪個可超出此範圍。可是到了佛果，此識成純善無漏，不再成爲有漏業所支配招感的無記異熟果。因此論云：「非如來地猶有異熟無記法故。」

7.無垢識

《成唯識論》云：「或名無垢識，最極清淨諸無漏法所依止故，此名唯在如來地有；菩薩，二乘及異生位，持有漏種可受熏習，未得善淨第八識故。」

無垢識，或稱爲阿摩羅識或菴摩羅識，是無漏淨分的第八識，眞諦三藏另立第九識為無垢識。此識與大圓鏡智相應，由於是最清淨的，所以是諸無漏法之所依止。所依止的識是無垢清淨的，能依止的諸法當亦是清淨無垢，所以叫做無垢識。

此無垢識依《成唯識論》上所言只有在最高的如來地才有，菩薩、二乘及凡夫眾生由於仍然執持有漏種子，而且還受前七識現行的「薰習」，所以尚未得無垢的「善淨第八識」。第八識有淨分亦有染分（雜染有漏），吾人之所以會為無明煩惱所繫縛，皆因此第八識常被第七識執之為我，且愛之不捨。如同守護財寶者，嚴守不失。

第八識有三相，自相、果相、因相。今將三相、三位、三名之關係列表如下：

（三名）	（三相）	（三位）	（聖凡有無）
一、阿賴耶	自相	我愛執藏位	凡夫
二、異熟	果相	善惡業果位	初地、有學
三、一切種	因相	相續不斷位	八地、無學
			佛果位

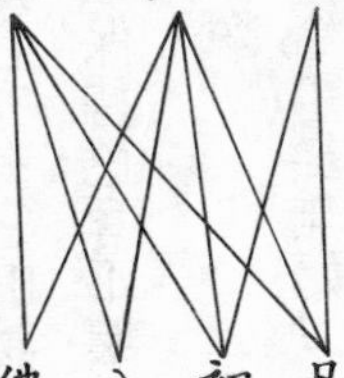

阿賴耶識，依心理學說，是一種潛藏意識，或曰無意識。前者說明其功能作用潛伏

而不顯現，後者是說無第六意識之活動作用。雖如此，但此識在唯識學上名爲「不可知」，說明其作用微細而不可知，但是它亦有它的功用，含藏善、惡、無記種子，執持色身（由於有第八識的存在我們才得以保持色身不壞、會思考活動）；去緣宇宙界的一切現象。

此第八識是我們的生命根源，這生命體從無始以來乃至成佛皆不壞，只是轉變性質而已。如《解深密經》卷一云：

「於六趣生死，彼彼有情，隨彼彼有情眾生，或在卵生，或在胎生，或在濕生，或在化生，身分生起，於中最初一切種子心識成熟，展轉和合，增長廣大……。」（《大正藏》卷十六，六九二中）

經文中的「一切種子」即是阿賴耶識的因相，由於此義，阿賴耶即是人的生命本源，經論上言，「根本識」、「窮生死蘊」、「有分心」、「愛阿賴耶」等都是就生命體上說的，是屬精神方面。又《攝大乘論》卷上云：

「復何緣故，此識說明阿賴耶？一切有生雜染品法，於此攝藏為果性故。又即此識

於彼攝藏為因性故，是故說名為阿賴耶識，或諸有情攝藏此識為自我故。」（《大正藏》卷三十一，一三三中）

又在《攝大乘論》中立「所知依」，就是在說明宇宙萬有諸法，若染、若淨、若精神、若物質、若無形、若有形都是要依托此阿賴耶識方能生起。由此我們可說阿賴耶識是人生與宇宙的總合體，精神和物質的總聚體。

四·善與惡的本源

阿賴耶識是存在和認識的根源本體，同時也是形成善或惡的根本。佛教所謂的惡，一言以蔽之，即以貪（貪婪）、瞋（憤怒）、癡（無智）爲代表的「煩惱」（Kleśa）（音譯：吉隸捨）。這些罪惡的一切心理狀態，都從阿賴耶識之中的煩惱種子所生，這些惡產生完畢之後，新的邪惡種子同時又種植於阿賴耶識之中。換言之，阿賴耶識就像取之不盡，不斷噴出罪惡熱湯的水壺。雖然如此，但是阿賴耶識同時也是使我們從罪惡邁向良善的橋樑。吾人通過阿賴耶識，以它爲媒介體，可以達到捨惡趣善之境。阿賴耶識之中雖藏有惡的種子，但是也存在著善的種子，所謂善的種子就是生長善法的潛在力。這個善的種子經由某種機緣而發芽、結果，最後留下新的種子。像這樣，善的種子經過幾百年、幾千年不斷的增長培植，等到阿賴耶識全部都充滿善的種子的時候，生命的存在（精神和肉體）從根源上即完全變成善與美。更一步來看，不僅自己的生命如此，因爲阿賴耶識能生出一切萬法，換言之，宇宙整個存在都達到完美的狀態❼。

在我們日常生活當中，一個平常看起來很忠厚老實的人，一旦發起脾氣來，好像完全變了一個人似的——甚至還會開口罵粗話。又前不久有對夫婦上山來禮佛，做太太很虔誠地在佛前祈求道：「請佛菩薩能感化我先生，請他脾氣不好時勿伸手打人……」原來那位先生平時很體貼，但一發怒，六親不認出手很重，以致家中不寧。懇談了幾次，並告訴他們可以請一幅觀音菩薩畫像回去，之後夫婦倆常常頂禮膜拜並虔心端詳莊嚴慈悲的菩薩聖容，如今其先生已不再出手打人，家庭又恢復和樂的氣氛。轉惡念爲善念，有時因爲業力的牽引很不容易達到，但可請求佛菩薩加被，自己平常若能多修持佛號，行善多與人結緣，自然福報增長。語云：「福至心靈」，凡事多為人著想，不怕困難，多承擔責任，福德積得越多，做人處事也越有心得，越順利，越有人緣，心就開竅了，智慧也隨之增長。這種心理變化的過程即屬阿賴耶識。阿賴耶識是人類最深層的心理意識，雖飄渺幽深，但卻是化平凡的人生為不平凡之要鍵。

《六祖大師法寶壇經》云：

心平何勞持戒？行直何用修禪？
恩則親養父母，義則上下相憐。
讓則尊卑和睦，忍則眾惡無喧。
若能鑽木取火，淤泥定生紅蓮。
苦口的是良藥，逆耳必是忠言。
改過必生智慧，護短心內非賢。
日用常行饒益，成道非由施錢。

菩提只向心覓，何勞向外求玄。
聽說依此修行，西方只在目前。(《大正藏》卷四十八，三五二中——下)

這可說是用永恆的眼光，來看日常倫理的世界，眞可謂不離此岸，而達彼岸。由凡入聖，融合平常心與佛心爲一爐，此種心境亦是由第八識所生。

阿賴耶識是我們由惡轉向善的一個媒介，是動力之根源，從這方面來看，阿賴耶識也被視爲具有倫理性、實踐性等意義，所以稱其爲生命之根源。

五・初能變——轉第八識成大圓鏡智

第八阿賴耶識是人類最深層的心理意識，雖飄渺幽深卻是化平凡的人生爲不平凡之要鍵。由凡入聖，融合平常心與佛心爲一如之心境，亦在此識。阿賴耶識又名種子識，貯存了很多善的種子和惡的種子，這些種子現行時即成爲一種影響人們行爲之根源。行爲過後又成爲經驗的種子再一次地貯存到第八識中，等待適當時機再起作用。

因此《唯識三十論頌》云：

初阿賴耶識，異熟一切種，不可知執受，處了常與觸——第三頌

作意受想思，相應唯捨受，是無覆無記，觸等亦如是——第四頌

恆轉如瀑流，阿羅漢位捨。已說初能變。（《大正藏》卷三十一，六十中）

這首偈頌是在說明阿賴耶識的體相和作用及其能變性。而「初能變」是在說明經由過去所累積的經驗種子使得含藏在人們內心的存在價值，能去改變眼前的世界。

例如幾個人共同欣賞一幅風景圖片，曾經去旅遊過和從未去過的人，感受一定有差別。如果在那個名勝區裏邂逅了現在的如意夫人，那看畫人的感受是甜蜜蜜的。若是，在那兒丟了錢或遭遇搶劫，再一次使其憶起不愉快之事，對此風景畫一定不具好感。

又當你喜歡上一個人時，他的缺點在你眼中儘是可愛的，雖生著一張痲臉，在你看來卻是一個美麗的酒渦。所以諺云：「情人眼裏出西施」這並非是我們用內心去看外界的一切，實在是內心的影子把外界給改變了。曾在高職夜間補校上過課的老師說：「有次新學期開始他一進教室，正要開始講課，卻發現一位女學生一直在流淚；事後關詢方知，年紀已三十幾歲的她因家計貧困一直無力就學，要到工廠上班養家，每天經過學校

看到一羣羣穿著校服的幸運兒，內心很羨慕，晚上下了工，就站到夜間部的教室外邊聽了一些課，但又常遭工友來趕，心裏很難堪。如今可以正式地坐在教室裏上課，多年來的憧憬，終於實現，面對著久違的黑板不由得感動得掉下眼淚。試問有幾個是和她有同樣心情坐在教室看著黑板的。記得昔日筆者通過繁複的留學考試，第一次踏入日本大學的校園，那時的心緒亦是百感交集，泫然欲涕。而環繞在周遭的日本學生，同處在一個校園中，感受是截然不同的。這是因爲「阿賴耶識」的緣故才有此不同的心境，感受有所差別。「在阿賴耶識」裏，被貯存的東西越多，這個人的世界也就越豐富。所以經驗的累積可形成智慧的大圓鏡智。由於存在第八識中的價值觀會去改變眼前所認識的世界，「初能變」所表示的即是此一層面。

嘗云：「禍福無門，唯人自招」，是在告訴我們「三界唯心，萬法唯識」，一切的快樂、苦惱都是人自找的。自己和自己過不去，若能明白「唯其心淨，則一切國土淨」之理加以實踐之，煩惱就不會生起。如星雲大師在其日記上所言：「人不一定要擁有金錢、感情，只要擁有信心、悲心、大衆、人緣，那才是最寶貴的。」

在忙碌中，何妨暫時萬緣放下，靜下心來欣賞一下大自然的美，「萬物靜觀皆自得」能擺脫外界的人或事所加諸於自身的束縛，心安理得，閒情適意地優遊於精神生活領域者，何其幸哉！一個過度注意外在的人反而會被外物所影響所支配，因爲他的一舉一動，莫不相應於外在的一切變化。禪詩云：

我自無心於萬物，

何妨萬物假圍繞。

轉煩惱心爲清淨心是轉識成智的功能，祝福大家有一顆自由自在任運自如的心，這一顆心就是大圓鏡智的心。

註釋：

①金剛喻定，梵語Vajropama-samadhi。相當於無間道，由此得阿羅漢果或佛果，亦相當於解脫道。參考《大毘婆沙論》卷二十八，《俱舍論》卷二十四，《成唯識論》卷十，《大智度論》卷十七。

②《成唯識論》卷三（《大正藏》卷三十一，十五上——下）

③ 太虛大師全書《法相唯識學》五，三——五頁。
④ 參考註③。
⑤ 印順法師著《唯識學探源》二十八——三十二頁。
⑥ 演培法師著《成唯識論講記》二，一一七——八頁。
⑦ 橫山紘一著《唯識思想入門》一〇六——一〇九頁。

【參考資料】

一、《一個心理學家的筆記》余慧德博士著。
二、《唯識史觀及其哲學》法舫法師著。
三、《成唯識論講記》演培法師著。

第五章

自由自在的心境

——本我、超我、無我

1信心之力　2疑心之憾　3冰山之喻　4本我與超我

一·信心之力

南北朝時代，南嶽慧思禪師有此箴言：

道源不遠，性海非遙；

但向己求，莫從他覓；

覓即不得，得亦不真。

意爲，人活在世間上，經歷過很多磨難，也體驗到不少的愉悅，而這些都不是向外追求所能獲得的；體悟眞理的法喜，參透生命奧義的愉悅，完全是一種生活中的自然流露，是從自性中表現出來的。向外尋求所得來的快樂是短暫虛幻的。唯有發自內心的歡喜才能細嚼慢嚥，餘香猶存。當你散步至郊外，眼前一幅綠油油的自然景觀；或清風徐來，搖椅上安祥地坐姿，一杯清香四溢的熱茶……都能帶給人們一個寧謐的世界。生命的本身就是喜悅，只要放慢腳步注意你周遭熙熙攘攘的人潮，以欣賞的眼光去看各種悲歡離合的人生，您會發現您將從煩雜現實生活的桎梏中解脫出來，不再受制於偏見、慾望和以自我爲中心的狂妄念頭所繫縛。由於眞正的喜悅是決定於自己的心識作用，所以如果你不貪求、不佔有、不執取、不逃避；不貪求則安貧樂道，不執取則好施濟人，那你的心靈將自由自在，你的人生將充滿著喜悅與光明。

十一個善心所中有個「信心所」，此心所和阿賴耶識極爲相應。對自己有信心，就會產生不可思議的力量。信心會使一個人眞正安穩下來，在待人處事上自然處處得當，心裏也開朗無憂，因此您不只要信任朋友、信任您的運氣，更重要的是信任自己。「信」是一種能源，但必須是正信。僧璨大師在〈信心銘〉有云：

契心平等，所作俱息，
狐疑盡淨，正信調直。

又說：

信心不二，不二信心，
言語道斷，非去來今。

人總是在彼此不信任時才產生很多心機，心機雖然虛幻不眞實，但卻是一切錯誤與煩惱的來源。

二・疑心之憾

有一個人自從他看到其妻與一個年輕男人合照的相片後一直耿耿於懷，一改以往的溫柔體貼，變得百般挑剔，動輒發怒責罵；其妻受不了此種精神折磨，日漸消瘦，終於病逝。此人亦毫無憐惜之心，正準備將其遺物以一把火燒盡時，無意中看到字跡娟秀的一封信，拆開來讀：「……還記得在女子中學時我們曾經共同演出話劇，你扮茱麗葉，我反串羅密歐，當時同學們都開玩笑地打趣說，眞像一對小情人，我們還一起照相留念，那一張相片，不知你還收藏著嗎？不知內情的人還眞以爲我們是對情侶呢？眞有趣……。」那位先生看完此信，不禁陣陣心痛如絞、淚流滿面，才知他看到的那張相片上的男生是他太太在女校時的同窗好友，雖滿心懊悔自己的愚行，但物在人已亡，再也喚不回他那善解人意的太太。只有天天睹物思人，留下終身的遺憾與愧疚。不當的懷疑和對人的不信任，將會使你失去最好的工作伙伴，甚至是你至親至愛的人。常言：「疑心生暗鬼」，「鬼」本無蹤無形，實際是由我人心中所造所思，繪聲繪影才有所成。

人的心識作用會影響情緒，使你有理性的判斷也會有感性的錯覺，如果你時常抱著樂觀的心態去工作，以服務的精神與人相處，你的事業一定會很有發展，很有人緣，生活也是充滿著朝氣與活力。如果你處處擔心人家佔你便宜，懷疑別人是爲了謀求利益才和你在一起，爲了爭一口氣而不顧一切地傾家蕩產去做投機生意，你的心將越來越狹隘，每天關心的是股市的漲跌，無形中你的心靈已被那些數字給鎖住了，心越來越不平衡，生活自然也就越來越不快樂了。

三・冰山之喻

一九九〇年六月二十二日於日本國立東北大學參加「印度學佛教學學會」第四十一屆的學術論文發表會。有名的唯識學者國立京都大學名譽教授長尾雅人教授在會中有一場講演「阿賴耶識的探究」，提到在人的八種意識構造中，阿賴耶識是構成人們行爲造作的一切意念之基礎；做爲異熟果的阿賴耶識二六時中恒常相續流轉，他和前六識俱起現行，但前六識在熟睡時不起作用，阿賴耶識仍然持續運作。舉例而言，前六識的感覺粗淺易辨如同水面上的冰山易防；第七識第八識內斂含藏威力，如同水面下的冰山威力極大又不易發現且又蘊藏著所有清淨、染汚的一切種子，可以成就一個人，也可以毀滅一個人。且和現行意識互為因果，例如柿子的果實，也可成為柿子的種子。一座大冰山可以帶給一整村的人有水可用，也可以撞沉一艘大輪船，就看人們對它作何種的理解與認識。如良遍（一一九四——一二五二年）所著的《法相二卷抄》所云：「一切諸法，皆不離我心，大海、江河、須彌、鐵圍、不可知見的他方世界、淨土菩提乃至眞如妙理，一併在我心所有……。」《華嚴經》亦云：「應觀法界性，一切唯心造」；快樂的心境與煩惱的心，端賴吾人對事物外境的認識與判斷。有一天中午我欲往齋堂，途中碰到總機小姐，眼前一亮，原來她穿了一件白底黑條紋的套裝，非常好看，我不禁讚說很漂亮，她卻睁大眼睛不太相信的神情回答我說：「剛剛有人才說我這是從監獄穿出來的制服……。」每一個人每天都有二十四小時，愁腸滿肚也是一天，積極樂觀也是一天。

老子曾言：

聖人不積，
既以為人己愈有，
既以與人己愈多。

人若能把自私自利的心態，轉變成博愛，如星雲大師所言：「志在服務眾生，行在十方世界」。行慈悲喜捨四無量心，那麼在精神生活上，即刻會產生一種充實和豐裕感，越是給得多，越是不覺匱乏。

四・本我與超我

有名的心理學家佛洛依德（奧地利人）把人的心理構造分成三個層次：

⑴Ib——原始的我，代表各種本能的心理活動。
⑵Ego——自知的我，即經過生活經驗陶鑄的我。
⑶Super Ego——超我，經過宗教、藝術和倫理道德熏習的我。

原始的我以本能的衝動去支配一切行為活動，不計利害得失和外界反應，如同一個小孩看到火盆裏有燒熟的栗果，他會毫不猶豫地伸手去拿，一旦他的手被火灼傷，他才得到痛苦的教訓，來發展自衛的本能。隨年齡增長他從外界環境領受到的刺激和教訓越多，他心理的發展越趨成熟，他的本能追求發洩和滿足的活動也逐漸加以修正，以便達到自利和自衛的目的，結果自知的我產生了。

隨著心理的成熟，他的精神境界也日益擴展，構成精神食糧的宗教、藝術和倫理道德，也逐漸使心理產生淨化作用。因此，人們漸漸地覺悟到以自私自利爲中心的活動，是得不到社會的同情與鼓勵。漸漸的成爲一個熱心公益篤信宗教的人，從小我到大我的自我心理活動領域的擴展，產生了道德境界的「超我」。這樣的一個心理過程互相因依，交互爲用，織成一個心理構圖，如所附八識的圖表一樣，前五識爲——原始的我，第六意識爲——自知的我，第七識的淨分依他（清淨的末那）爲超我（參考〈從小我到大我的平等性智〉）。

在唯識學上提到「轉識成智」，把意識和經驗化爲生活的智慧和證悟生命究竟的資糧，這全部要靠第八阿賴耶識的功能，透過「眞我」的智慧把五種感覺意識（眼識、耳識、鼻識、舌識、身識）所攝受的境界因緣化爲「成所作智」，行立功、立德的菩薩行。把意根的活動轉變爲妙觀察智成爲獨立思考基礎。再把恒審思量的虛妄分別意識淨化成平等性智，最後在衆生平等自性清淨之下而得以成大圓境智，亦即成就一切功德而又不執取一分一毫，建立一切功勳而無絲毫我執，如經中所云：「無所住而行於布施」，能如此，心境自然自由自在，心靈無所羈絆，像杲天麗日普照大地，光光相照，光光無礙，同臻「無緣大慈，同體大悲」的眞我法身之境。

阿賴耶識之探究

現行識（因）
（原始的我）

- 1. 眼識　色
- 2. 耳識　聲
- 3. 鼻識　香
- 4. 舌識　味
- 5. 身識　觸

水面上的冰山
（易於辨識）

（自知的我）　6. 意識　法

水面下的冰山　7. 末那識　阿賴耶（＝我）

清淨末那　（超我）

深不可測　染污末那

8. 阿賴耶識　執受　了別　（不可知）

（種子・有根身處）

(1)異熟（vipaka）（果）

(2)一切種子（sarvabijaka）（因）現行識（果）

同時互爲因果

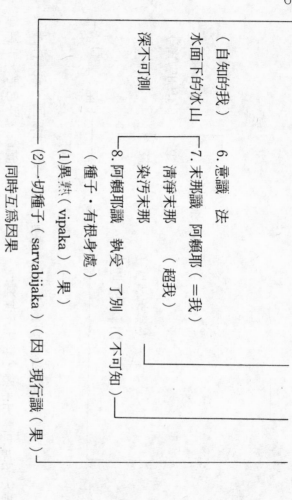

第六章

眞心與妄心——阿摩羅識

1眞妄的定義　2眞心的實踐　3心如流水，生滅不住　4自性菩提——阿摩羅識

一．眞妄的定義

《大般涅槃經》卷二十七云：「凡有心者，定當成阿耨多羅三藐三菩提。以是義故，我常宣說：一切眾生悉有佛性❶。」

又禪門典籍《宗鏡錄》上云：「千經萬論，悉明唯心。」

這個心是什麼心，是心猿意馬的心，亦或清淨自性的心？一家醫院，正準備做換心手術，因爲他們剛收到兩個人剛死，而心仍然健全的心。一顆是從年輕力壯的體育家而來，他因車禍身亡，但心卻健好。另一顆是從享盡人間富貴榮華，做過大官而又不用操心的人身上而來，年老無疾而終，但心仍完整。一位將面臨換心的病人選擇了做官人的老心，而不選青年體育家的壯心。人家問其理由，他說：「我要換一顆，一生從未用過的心。」讀者諸君，一生從來沒有用過的心，是什麼心？

宇宙的現象，即是心的現象；森羅萬象的本體亦是心的本體。「相」從「體」起，「體」寓「相」中。「現象」與「本體」非一亦非異。故云：

「真心」是心的本體，
「妄心」是心的盲動。

《楞嚴經》云：迷妄有虛空，依空立世界，想證成國土，知覺乃眾生。

眞空是我們的「眞心」，「虛空」是吾人的「妄心」，眼前所見事事物物，宇宙現象，皆是「妄心」的種種活動。這顆「妄心」藏在那裏？閉起眼睛，找找看，注意身體裏面，發覺內心裏有自言自語，有說有笑，有貪有痴，有想念有生滅，這就是妄想心。經中謂其爲水中月，無一定處；是苦海，是輪廻。雖一無是處，但找到妄心才能見眞心。

《法句經》被公認爲佛教最原始的經典之一，全部經文由四百二十三首詩句（偈）所組成，其在〈雙要品〉第一偈云：

心為法本，心尊心使。
中心念惡，即言即行，
罪苦自追，車轢于轍。

意謂，諸法受心支配，以心爲主，由心所生。人若心存垢穢而言而行，則罪惡與痛苦將永遠伴隨，猶如車輪輾過的地方，永遠會有痕跡留下。第二首偈云：

心為法本，心尊心使。
中心念善，即言即行，
福樂自追，如影隨行❷。

意謂，諸法受心支配，以心爲主，中心所生。人若心存清淨而言行，則幸福與快樂將永遠伴隨，猶如影之隨形，永不分離。

「心爲法本」表示宇宙間的一切事物皆本於此「心」。故眞心、妄心乃心的「體」與心的「相」，作用不同源出一轍。當此心是「眞」時，就如同《大般涅槃經》卷二十七所云：

「眾生，悉皆有心。凡有心者，定當得成阿耨多羅三藐三菩提。以是我故，我常宣說，一切眾生悉有佛性。」

此「眞心」是佛性，是法身。藏於何處呢？

《楞嚴經》中七處徵心，說「心不在身內，不在外，不在中間。」眞心是「豎窮三際，橫遍十方」「無不周遍隨緣赴感」。是一輪明月，洞照十方。「眞心」無作，而無所不作。「眞心」無知，而無所不知。「眞心」無相，而無所不相。《金剛經》所謂：「無住生心」亦指此「眞心」而言。此心在生死中，而從未生死；處五濁內，而從無垢染。「不生、不滅、不垢、不淨、不增、不減」這就是「眞心」。它的別名，如：本來面目、本地風光、主人公、眞如、實相、圓覺、一眞法界、法性、法身、如來藏、海印、菴摩羅識……等。

眞心是清淨心，用現代話來說是一顆慈愛衆生的悲心。

一九九〇年七十六歲的澳洲主婦，愛琳．查貝爾手植的大胡瓜重六十磅，使她名列一九九〇年的金氏世界紀錄。這位精神奕奕的老太太說：「我從不使用化學原料；只是悉心照顧，我用手輕輕撫摸它們，甚至送上親切的叮嚀，在澆水除草時，用語言鼓舞它們。我不只是種植，我還成天的掛念著它們，以愛心來撫慰。」一念眞心，連植物都感受得到，且以豐碩的成果來回報，所以《圓覺經》說：「情與無情，同圓種智。」

心的交流是不用透過語言文字，且超越了語言文字。一個人是否眞心、誠心，從他所流露出來的氣質、神情，擧止可知。有一齣英國文學家君格瓦特爾（John Drink Water）的歷史名劇，叫做「林肯」（“Abraham Lincoln”）。提到當林肯被共和黨推爲候選大總統的時候，該黨代表團來見他，並且說明因爲民主黨內部分裂，共和黨的候選人是一定當選的。他聽到這個消息，沈默半晌，方才應聲。等代表團走了以後，他又一聲不響的凝視壁上掛的一幅美國地圖。看了許久，他嚴肅地獨自跪在地圖前面祈禱。假如換了一般其他的人，聽到自己能當選爲大總統的消息，豈不要眉飛色舞，立刻召告諸親好友大肆慶祝嗎？中國名劇「牡丹亭」中，寫一位教書先生陳最良科擧中了，口裏怨道：「老師孔夫子，猶未見周王，老夫陳最良，得見聖天子，豈偶然哉，豈偶然哉！」於是高興得滿地打滾。沈不住氣即屬「妄心」。當林肯知道可以當選爲大總統的時候，就感覺到國家重大的責任落在他雙肩上，這不是一件容易的事。所以凝視國家的地圖，以眞誠之心跪下來祈願。這二者的心態是何等相反的寫照！

二・眞心的實踐

妄心與眞心雖存於一念之間，但世俗中的我們從妄到眞，內心的鍛鍊與提昇，亦須有一段心路歷程。雖言：「人性本善」，但由於生長環境的不同，加上教育的因素，所孕育出來的人格、品德也各有差異。

孟子所謂：「天將降大任於斯人也，必先苦其心志，勞其筋骨，餓其體膚，空乏其身，行拂亂其所爲，所以動心忍性，增益其所不能。」這眞是心性修養過程的最好說明。唯有不斷的接受磨鍊考驗才能「去妄存眞」，養成一種清淨磅礴的「浩然之氣」，一種「泰山崩於前而色不沮，黃河決於側而神不驚」的從容態度。要達到這種心境有下列幾個步驟：

(一)智識的薰陶

固然「是非之心，人皆有之」，但這還是屬於本性的，直覺的方面。在現代人事複雜的社會裏，一定要經過智識的陶鎔，才能眞正辨別是非，才能樹立「正信」。唯有具備淵博智識的人，才能發揮有系統，有計劃，有遠見的行動。有句話說：「他不是不知道打算盤，祇是他已把算盤看透了」，也唯有看透人世間的世態炎涼，才能自處超然。

(二)意志的鍛鍊

普通的生活是感覺的生活（Life of senses）是屬於色香味觸等感官的生活，而不是意志的生活（Life of will）。意志生活的境界是具有百折不回的意志，堅韌不拔的操行。要能臻此境界必須把高超的思想和簡單的生活聯在一起說。沒有簡單的生活，高超的思想是無法得以充分發揮。

「相對論」的發現者，愛因斯坦喜愛簡單，樸素的生活，最受不了繁文縟節的社交禮儀，即使出席晚宴，也從不穿晚禮服，甚至洗澡，刮臉，他也都使用同一塊肥皂。有人問他爲什麼對自己如此刻薄，愛因斯坦表示，「我不喜歡生活太複雜，如果每次洗澡，刮臉，都得爲使用哪一塊肥皂而傷腦筋，叫我如何能專心研究？」

誠然如此，「物慾減一分，道念增一分」，出家人三衣一鉢即可生活，每天不用爲了穿哪一件衣服而煩惱，也不用浪費時間去苦思要梳哪一種髮型才好看。生活過得越簡單，才有時間去爲人服務，爲大衆著想；才越有空間去思考生命的眞諦，孕育高超的思想。

注重物質生活者，不容易把持自己，而走上歧途。有一些犯罪者，並非他們自己甘心要變壞，要墮落，乃是他的生活享受的標準，一時降不下來，以致「心有所蔽而行有所虧」。

明末李自成破北京時，有兩個大臣相約殉國，兩人說好之後，一個正要辭別回家，這位主人送客出門，客尚未走，主人就問自己的佣人豬餵了沒有？那位客人一聽，就長嘆一聲，斷定他這位朋友不會殉國。他想：「世間上豈有連豬都割捨不得的人，而肯自己殉國之理。」果然不出其所料。

意志的磨練，是培養「雖千萬人吾往矣」的氣概，悠悠之口，不足以動搖其信念。所以「舉世譽之而不加勸，舉世毀之而不加沮」，能以最大的決心去貫徹自己的主張。意志越堅强，精神就愈奮發，所謂「精誠所至，金石爲開」；只要腦中充滿積極的思想，又有堅韌的意志力，世界上沒有不能克服的困難，也沒有不能達成的願望。

㈢人格的修養

人格是衡量個人一生生命價值的標準，是一個人之所以異於他人的特徵，也是一個人生命連續的維持力，所以人格是他的道德生命。信任的基礎在於彼此間最低限度的人格的認識，朝秦暮楚的人，決不能說是有人格。

太虛大師說：「仰止唯佛陀，完成在人格，人成即佛成，是名眞現實」。意爲依止佛陀的眞理，修習智德，培養健全的人格，才是學佛的眞義。

人的組合不是片面的，所以肉體之外，還有「心靈」；心靈是構成人格的最大因素；形貌之外，還有做人的典型；整個的生命固然在宇宙的時空系統中，有它的眞實性，而他生命留下來的事功，更可以因有一顆高貴的心靈，長期流傳下去，不斷的發生輻射性的放射作用。人格可衡量生命的價值，也是維持生命連續的動力。有個歷史故事可做說明。

當明末「松山之役」敗後，洪承疇，也經過一個不屈時節而後降清，之後受清朝重用。後來黃道周在安徽兵敗被俘，絕食七天不死，解送到江寧。洪與黃同鄉，想保全其生命。派人前往告訴他：「公毋自苦，吾將保公不死。」黃罵曰：「承疇之死也久矣！松山之敗，先帝痛其死，躬親祭之，焉得尚存？」至今黃道周雖死，而他的人格尚放光，洪承疇降後雖然偷生，但當時他有價値的生命已經中斷，因爲他早把自己的人格毀了❸。

一個偉大的人格，在臨危時更容易表現出來，世界上那個偉大人物，不是經過多少的危險困難，不爲所屈，才能產生。釋迦牟尼佛修行過程中，時而水火、時而刀兵、時而美女，一件件威逼利誘，而他不爲所屈，不爲所動，而後才悟道成佛。所以諺云：「吃苦才能做佛祖」，要成佛要千修百鍊，人格的修養亦如此。有首禪詩云：

千鍾百鍊出深山，
烈火焚燒莫等閒，
粉身碎骨都無怨，
留得清白在人間。

以「白石灰」的冶煉過程來比喻人格道德的修養，是要經過不斷的磨練考驗方有所成。文天祥在其就刑時一臉正氣的說：「孔曰成仁，孟曰取義，惟其義盡，所以仁至。讀聖賢書，所學何事？而今而後，庶幾無愧！」幾句話，不獨留下千秋萬世的光芒，也是他一生人格修養成功的極致表現。

「時窮節乃見，一一垂丹青」。「眞心」是一種節操，是高尚人格的本源。

佛教的人天乘正法，便是健全人格，使人達到完美品德的教法，人人奉行五戒十善業道。一方面制止外在的惡行，一方面淨化內心的善行，以達到建立人間淨土，才是現實人生佛教之目的，也才是適合時代需要的佛教。

五戒：不殺生、不偷盜、不邪淫、不飲酒、不妄語。

十善：不殺、不盜、不淫、不妄語、不兩舌、不綺語、不惡口、不貪、不瞋、不痴。

四宗教的信仰

有信仰才能產生力量。《華嚴經》云：

信為道源功德母，長養一切諸善根。

前不久內政部長許水德，從北到南到各寺院拜訪，聽取各方宗教人士的意見，因爲他說：「宗教有淨化人心的力量，要維持社會安寧，不可忽視宗教信仰……。」

星雲大師於八月十二日應華視新聞廣場主持人李濤先生的訪問而提到：

「有信仰凡事能守法，在佛教就是守五戒，不要亂殺生，愛護生命，自然身體就會健康，你不竊盜而能施捨布施，自然就會發財。如要家庭和諧；也不要求神問佛，只要能不邪淫尊重別人，那麼家庭便一定能和諧；你不說謊多讚美別人，那麼自己的名譽自然會好。不亂吃，像酒、嗎啡、鴉片、強力膠、速賜康，自然身體健康，理智清明，而不會亂去侵犯人。因此福祿壽喜財，理義仁智信都俱全了，信仰宗教，精神會昇華。

有信仰則明白因果，過去農村社會，沒有警察機構亦無法律，可是人們相信舉頭三尺有神明，因果來了要受處罰，那時因果比法律管用，因那完全是內心自我的規律。菩薩和眾生有一個最大不同，菩薩畏因，眾生畏果，所謂菩薩慎於始，不能隨便播種惡因，因為有因必定有果。

現在的青年犯罪，因為他不怕因，一切等做了再說，可是一旦啷噹下獄，他便害怕自己所造成的這個結果。所以今天社會要提倡年輕人的教育，重視因果，一定要有二種畏懼的心，一、畏天地、神明；二、畏父母、師長，畏懼自身有愧於道德人格，因為不了解因果才會犯了因果的麻煩。心的牢獄比實質更有效。」

大師的願望，是希望每個人心中有佛，如果你心中有佛，眼睛所看到的都是佛的世界，耳朵所聽到的都是佛的聲音，嘴裏說出來的都是佛的語言，身體所感受的，都是佛的眞理。心中有佛，這個社會、各種顏色，和聲音都不一樣了。每一個人「心中有佛」有宗教信仰，生活有空間，彼此體諒，互助合作，社會治安就良好。

三・心如流水，生滅不住

妄心是心的相狀，如水之波，雖是短暫虛幻，卻是吾人煩惱的根源，如同烏雲蔽日看不清眞相。

前文提到，「眞心的實践」和其步驟方法，今再舉經證，以明「心」的種種面貌。

《大寶積經》卷一一二云：是心如幻以憶想分別故。起種種業受種種身。

又大迦葉，心去如風，不可捉故。
心如流水，生滅不住故。
心如燈焰，衆緣有故。是心如電，念念滅故。
心如虛空，客塵汚故。心如獼猴，貪六欲故。
心如畫師，能起種種業因緣故。
心不一定，隨逐種種諸煩惱故。
心如大王，一切諸法增上主故。
心常獨行無二無伴，無有二心能一時故。
心如怨家，能與一切諸苦惱故。
心如狂象，蹈諸土舍能壞一切諸善根故。
心如吞鉤，苦中生樂想故。
是心如夢，於無我中生我想故。
心如蒼蠅，於不淨中起淨想故。

心如惡賊，能與種種考掠苦故。
心如惡鬼，求人便故。心常高下，貪恚所壞故。
心如盜賊，劫一切善根故。心常貪色，如蛾投火。
心常貪聲，如軍久行樂勝鼓音。
心常貪香，如豬憙樂不淨中臥。
心常貪味，如小女人樂著美食。
心常貪觸，如蠅著油。
如是迦葉，求是心相而不可得。（《大正藏》卷十一，六三五中下）

四・自性菩提——阿摩羅識

在唯識學中，六識之外尚有第七末那識及第八阿賴耶識，並稱八識。眞諦系統的攝論宗又在八識之外另立第九識阿摩羅識，地論宗、天台宗亦有稱此說者。而玄奘系統的法相宗則認爲第八識中的「阿陀那識、無垢識」（第八識的異名，屬相續執持位、佛位）已是清淨無染，故不立第九識。

前文提到「眞心」的異名爲「阿摩羅識」，梵語amala-vijñāna即攝論宗所謂的第九識表眞如之意。法相宗所謂的「無垢識」，梵文亦是amala-vijñāna音譯阿摩羅識，庵摩羅識、菴摩羅識、唵摩羅識。意譯無垢識、清淨識、如來識。此識乃一切衆生清淨本源心地，諸佛如來所證法身果德，在聖不增，在凡不減；非生死之能羈，非涅槃之能寂，染淨俱泯，湛若太虛。《金剛三昧經》云：

> 諸佛如來常以一覺而轉諸識，入庵摩羅。何以故？一切眾生本覺，常以一覺覺諸眾生。令彼眾生皆得本覺。覺諸情識，空寂無生。（《大正藏》卷九，三六八中）

> 《三無性論》❹卷上：唯阿摩羅識是無顛倒，是無變異，是真如如也。

> 《十八空論》云：阿摩羅識是自性清淨心，但為客塵所污，故名不淨，為客塵盡，故立為淨。

阿摩羅識是自性清淨心，是衆生本具；但無明煩惱來時，將此清淨自性蓋住了，光芒顯現不出來，故曰不淨。柴陵郁禪師悟道詩曰：

我有明珠一顆，久被塵勞封鎖；
一朝塵盡光生，照破山河萬朵。

我們的心本來具有無限潛能，蘊藏無盡寶藏，就是因爲無明造作，心紛逐於五欲塵勞，使明鏡般的清淨自性，失去了光明。

既言自性清淨，爲什麼又會被煩惱所覆呢？《十八空論》⑤云：

問：何故不說如如定淨，而言淨不淨耶？

答：為令眾生修道故。……如如及五根同為煩惱所覆，而並不為煩惱所染。

我們的心若非經過五欲塵勞的磨練，若不以衆生爲修行道場的話，藏於自性中的菩提就難以顯現。故《六祖壇經》云：

佛法在世間，不離世間覺；
又云：菩提本自性，起心都是妄，淨心在妄中。

生活在現代社會中，總覺得用腦的時候多，用心的時候少。是因科技的發達，生活的忙碌而荒疏，亦或寂寞、疑惑、頹喪，而不再相信自己的心了？若再無暇省思探索，心上的塵埃就越積越多了。

佛經上說：「心中有佛將心念，念得心空及第歸。」我們的心紛亂虛妄，要以正念的眞心來對治。什麼是「眞心」呢？就是泯除差別，平等一如的佛心，以佛心來對治「虛妄心」，一旦虛妄心去除了，眞實心亦要揚棄。妄固然要捨，眞也要捨，所謂得意忘言，上岸捨舟，才不會落入新的執著中，才能與眞正的般若妙慧契合❻。

永嘉大師在其《證道歌》❼中說：

心是根；法是塵，
兩種猶如鏡上痕。
痕垢盡除光始現，
心法雙忘性即真。

「淨心在妄中，妄念中有眞心」，「我今解此如意珠，信受之者皆相應」，對世間事，無須斤斤計較，心胸自然豁然開朗。猶如關漢卿的詩〈閒適〉中云：

世態人情經歷多，

閒將往事思量過，
賢的是他，
愚的是我。
爭什麼！

放得開，看得透，如《永嘉證道歌》云：

大象不遊於兔徑，大悟不拘於小節。

恬淡、豁達、心開意解，了悟自性菩提，自會有超然物外的恬適快樂。

註釋：

①《大正藏》卷十二，五二四下。
②《大正藏》卷四，五六二上。
③《新人生觀》，羅家倫著。
④《大正藏》卷三十一，八七二上。
⑤《大正藏》卷三十一，八六三下。

⑥《星雲大師講演集》㈢〈談心的秘密〉。

⑦《大正藏》卷四十八，三九六中。

第七章

心包太虛——人類與自然的融和

1心生萬法　2人類與自然的關係　3自然和人類的調和與共存　4心淨則國土淨　5心包太虛，量周沙界　6總結

一·心生萬法

禪宗典籍《宗鏡錄》卷九十八：

大珠和尚云：「心性無形即是微妙法身，心性體空即是虛空無邊身，示行莊嚴即是功德法身；此法身是萬化之本，隨處立名，智用無盡。（中略）森羅萬象至空而極，百川眾流至海而極，一切賢聖至佛而極，十二部經、五部毗尼、四圍陀論至心而極。」「心是總持都院萬法之源，亦是大智慧藏無住涅槃，百千名號，皆是心之異名。」（《大正藏》卷四十，九四六中——下）

此心能生萬法能納虛空，所以《楞嚴經》云：「諸法所惟生心所現。一切因果世界微塵，因心成體」。我輩凡夫，起心動念，舉手投足皆在造因。一切世間出世間法皆由人造。心悟則「心包太虛，國土清淨；心迷則耽著五欲，妄認幻相為實有，塵影為自心。」所以國土淨穢，成聖成凡，決定於自己心性之迷悟染淨，不怨天、不尤人，皆因不出一心。

有一天有位名作家面對一位出家師父，如此問道：『佛經中說：「須彌納芥子，又說芥子❶納須彌」，前者以大包小尚能了解，後者以小容大，這實在令人難以接納，於理不通，說不過去。』

師問作家：『先哲有句話說，讀破萬卷書，下筆如有神，您同意此說嗎？』作家頷首。又問：『我們稱那些不學無術的人說是「胸無點墨」，難道那些有學問的人都是喝了很多墨水才會讀書嗎？而對那些從小到大讀了不少書的飽學之士，我們尊他們說「學富五車」，五部車的書眞的可以全部裝到肚子裏去嗎？又對那些很有眼光很會作計劃的智士讚其爲「胸有丘壑」，形容寬宏大量的人說「宰相肚裏能撐船」，這些不都是以小容大的實例嗎？

就如你出版很多書，衆人讚歎：「著作等身」。你的氣質高雅，人又說：「腹有詩書氣自華。」萬卷的詩書都能隱於腹中，而使你氣質高尚，小小的芥子當然可以容納須彌山。』作家對此答覆甚是滿意，禁不住點頭微笑。又問：『可否請師父示知，那些經論有此說法？』

師答：『《首楞嚴三昧經》卷上云：

堅慧菩薩，得首楞嚴三昧。能以三千大千世界入芥子，令諸山河日月星宿悉現故。

（《大正藏》卷十五，六三五下）

《大智度論》云：以智慧大故能轉一切諸法。所謂小能做大，大能做小。能以千萬無量劫為一日，又能以一日為千萬劫。（《大正藏》卷二十五，二八三下）

由以上經文可知，三千世界可盡入芥子之中，深不可測的心當然可包容廣大無邊的太虛空。若以「心」喻人類，「虛空」則是大自然的呈現，兩者的關係是相互含容，是相互共存，是同本同分、同根一體。所以美好的湖光山色可使人塵慮盡滌，涼爽的清風可使人火氣全消。和煦的陽光可使人寒意盡除。朱熹詩云：

半畝方塘一鑑開，
天光雲影共徘徊，
問渠那得清如許，
為有源頭活水來。

有首禪詩亦云：「鬱鬱黃花無非般若，青青翠竹皆是法身」，大自然的一切是佛的般若智慧，是佛的法身所在。因此北宋蘇東坡有「溪聲盡是廣長舌，山色無非清淨身」的詩句。將清淨的身心融和於萬物之中，從大自然中認知體悟佛的存在。所以《大智度論》云：

三界所有皆心所作。何以故？隨心所念，悉皆得見。以心見佛，以心作佛。心即是佛，心即我身❷。』

二、人類與自然的關係

既云：「自然與人類是同根一體」，清淨的大自然可孕育出高貴的心靈，故諺云：「地靈人傑」所以保護自然環境，使自然生態不被污染是目前刻不容緩之事。

被譽為日本國佛教學泰斗的鎌田茂雄教授，參加佛光山所舉辦的國際學術會議作專題演說，題目：「東洋的自然觀——自然和人類的調和與共存」。鎌田教授表示：愛自然，將自然與人融合在一起，是中國佛教的精神特色，此時有必要把中國傳統佛教再發掘，再重申其理念。這樣的主題，應該能契合太虛大師、星雲大師等大德所提倡的「人間佛教」。當教授做專題演說時，筆者擔當即席翻譯，深覺其內容合乎現代人間佛教的精神，寓佛法於天地萬物，大自然之中，爲使向隅者亦有機會得聞此精彩內容。特將此演說全文翻譯出來。

三・自然和人類的調和與共存

美國的宇宙飛行士（太空人）拉塞爾・休瓦卡特在一個講演會中，講了一段話：「從宇宙看地球，地球是一顆閃閃發亮的星球，而我們都是活在這美麗星球中的一份子，我們感受到無數生命的尊嚴。雖如此，但人們卻常因國境、民族、觀念體系等的不同而產生種種藩籬，使我感到難過。」

從宇宙望地球，地球就好像一艘「地球號的宇宙船」。在這如船般的星球中，進行著民族間的紛爭，過著憂心核子戰爭威脅的生活，可以想像這是多麼愚痴之事。現在，又加上，因環境汚染對地球所產生的破壞，目前這又是一個新的威脅，正有幾項嚴重的事態在發生，舉例如下：一、臭氧層的破壞。二、沙漠區域日趨擴大。三、地球的溫度漸趨上升。四、酸性雨所造成的災害。五、熱帶雨林被破壞。六、海洋的汚染。七、有害廢棄物所造成的災害。八、野生動物的減少等。總而言之，大自然正在被破壞。

地球自誕生以來已經過了四、五億年，在這漫長的歲月當中，形成了一個自然調和的生態環境，但一百年來，地球的生態環境逐漸被破壞。對人類的生存而言，維護地球的原貌是首務，如果這個環境，缺乏蝴蝶的飛舞，鳥的叫聲，那也正表示人類的生存也岌岌可危了。

現今熱帶雨林的大量砍伐，對大自然的破壞，速度相當驚人。在過去二十年間，平均每一分鐘約有三八．六平方公尺面積的熱帶雨林消失。（相當於日本甲子園棒球場的十分之一）。

東南亞的馬來西亞、印度尼西亞、南美亞馬遜河流域等地的森林的亂開發，不知何時才能停止。東洋有句古諺云：「山高非爲貴，以有樹而爲貴」。

生長在日本屋久島的屋久杉，有些樹齡已高達七千歲，仍生長繁茂；人自有文明以來已有三千年的歷史。七千年是三千年的二倍，對大自然有如此强的生命力，不得不驚歎。

人類開發自然，利用科學技術而有了今日的現代文明，今後的時代，其進行的趨勢，應是人們與自然的共存，與自然的調和。爲了尋求這樣的理念，對於東亞細亞的自然景觀，尤其是佛教的自然觀，必須重新加以認識。

(一)中國佛教的自然觀

中國的東晋時代，《法華經》的譯者，鳩摩羅什的弟子，也就是有名的《肇論》的作者，僧肇（A.D.三八四——四一四）言：「天地與我同根，萬物和我同體」（出自《涅槃無名論》）意謂山川草木、動物、人類皆出於同一根源。這是「天地與我同生，萬物和我一體」；換句話說，僧肇的萬物一體觀是來自於《莊子》齊物論的思想。僧肇的這句話以佛教的立場再加以詮釋的是華嚴宗祖師澄觀（A.D.七三八——八三九）。澄觀在《華嚴經疏》卷五十：「眞如與我同根，法性與我一體」。把僧肇的「天地」易以「眞如」；「萬物」改成「法性」。其內容可說是相同的；在華嚴教學裏，眞如和法性意味著天地理法之道，是在揭示此道和天地之根源是一體。

又宋朝的蘇軾（蘇東坡A.D.一〇三六——一一〇一）在《續傳燈錄》卷二〈東坡居士章〉裏的悟道偈云：「溪聲盡是廣長舌，山色無非清淨身」。溪水的聲音是佛的說法，隨著四季遷移的山色是佛清淨的法身，這是從大自然去認知佛的存在，是在顯示自然和人類是源出一體。

我到中國的長江流域的廬山或黃山時，遠遠眺望那些命名為觀音峯、毗盧峯等的山峯，隱隱約約的自雲霧中顯現出來，感覺是那麼的神秘，其形狀亦彷彿是佛身的再現。我曾登過四大靈山之一的九華山，是地藏菩薩的聖地。位於主峯天臺峯的地藏寺，為和俗界有所區別。被稱為「中天世界」，寺前的岩壁上刻有「非人間」的刻字，正顯示著那個地方是一個神仙世界，不是凡人居住之處。從地藏寺的萬佛樓往下望有千丈深的溪谷、香爐峯、鐘峯、鼓峯等都隱伏於其中。

四川省峨嵋山普賢菩薩的道場，在華嚴頂、萬佛頂等山頂上聳立著觀音岩，長壽岩等奇岩，山中以萬年寺為始而有仙峯寺、中峯寺、雷音寺、伏虎寺等佛教寺院，整座山瀰漫著佛教聖地的氣氛，可以說，山色本身的自然即是佛化身之顯現。

㈡日本佛教的自然觀

跟隨中國的如淨禪師學佛而有所悟的日本曹洞宗始祖道元禪師（A.D.一二〇〇——一二五三），他承受了蘇軾的自然觀而說：「峯色谷響皆是釋迦牟尼佛的聲音和姿態」，在其主要著作《正法眼藏》中〈谿聲山色〉卷裏云：「因谿聲山色之功德，大地有情同時成道，有諸佛見明星悟道……」這詩偈中引用先前所述，蘇軾的悟道偈，以此為本說明谿聲是如來轉法輪的音聲，山色是如來的清淨法身。道元又有吟詠：「春有百花，秋有月，夏有子規，冬有雪」。這首詩歌道出了日本的四季分明，自然景觀變化很美。

又首創念佛舞的日本時宗的開祖，一遍上人（A.D.一二三九——一二八九）云：「有情衆生，山河草木，風聲浪潮，無一不是念佛音聲。」他的出生地瀨戶內海是又美又靜之地，站在岸邊聆聽浪潮聲彷佛是一句句的念佛聲，又像是從太古傳來的搖籃曲。對嬰兒而言，母親的歌是佛曲，母親安祥且充滿慈愛地擁著嬰兒的形像是佛國，是淨土，是我們內心祈求的和平世界。一遍上人把鳥鳴、風聲皆視爲念佛的音聲，又說：「欣賞花色、月光，心中無所牽掛」。從其詩詠中可知其心境已和自然融和成一體。

鎌倉時代，開創日蓮宗的日蓮上人（一二二二——一二八二）在《草木成佛口訣》云：「草木皆成佛」。又《法華經》中云：所有的人皆可成佛，眞正的佛是遍一切處。草木皆是佛，意在說明自然界的草木皆是佛之顯現。日本的江戶時代，報德教的創始者，二宮尊德（一七八九——一八五六）歌云：「無聲亦無臭，常於天地間，書無字眞經。」「經」不是用文字寫成的，「經」是渾然天成於天地間。宇宙、天地、大自然即是「經典」，如何閱讀這部「無字眞經」？他說：「閉上肉眼以心眼來讀；肉眼所見有限，心眼所視無限。」以心眼來看大自然，自然可讀通無字眞經。

日本人繼承著中國人的自然觀，他們生活在美麗的國土，大自然的懷抱中，而道出「山川草木，悉皆成佛」。這句話正足以表現日本人的自然觀。

㈢結語

自然和人類是同根，是一體，站在這樣的東洋自然觀的立場來說，人類和自然調和與共存無論如何是必行的，也是必須的。若人類不以和自然共存共榮為目標的話，人類很快就會步上滅亡之道，我們應該知道，自然所能提供給我們可資利用的是有界限。

日本的首都東京，無計劃地急於前進邁向都市化，導致人口激增，綠地幾乎消失殆盡而被稱為沙漠東京。但就在這樣的東京都內，皇宮以及明治神宮廣大的區域內仍留有一大片自然的青綠。而明治神宮的森林區並非是自然生長，那是集合全國各處獻來的十萬株樹林而成的人工林，這個人工林的樹木如今仍然鬱鬱蒼蒼，如同自然林一般。凋落的落葉自然而成護林的肥料，人們只要有愛大自然的心，人工林也能變成自然森林。如同上述所學之例。

如今正是迎向二十一世紀的時代，必須要以愛心來正視科學與自然。要以維護地球的清淨，積極保護自然生態環境使其不受汚染不被破壞為使命。日本政府發表了一項新聞，提到明年度將在「國立公害研究所」中新設「地球環境中心」，是一個專門從事地球環境之研究為要務的機構。又近來關於環境保護的問題及其重要性，透過大衆媒介不斷地被提起。事實上，政府也好，大企業也好，最重要的是每一個國民的意識所在。在每一個人的心中，都要有對環境保護的共識；確定文明是建立在人類和自然共存的基點上，這樣的共識，也就是人類文明提昇的指標。

四・心淨則國土淨

譯完全文，不禁連想到，世界為什麼這樣紛亂？人類為什麼會如此不安，為什麼不懂得愛護大自然？追究其根底，必有其病源。根不固而求木之繁茂，源不遠而求水之流長，是絕對無有是處，因此人心不安，世事紛亂乃根源於人心自私自利，投機取巧。所以國父說：「國者，人之器也」。國之好壞，不在客觀器世間的好壞，而在主觀的人心的好壞。所謂心是功之魁，罪之首；如一把刀，用得當即有功，用得不當即有罪。又如手能救人，也能害人。拳頭捶背很舒服，拳頭打人痛不可支。所以手的舉動，刀的運用還是由心來指揮的。因此心才是萬物的主宰。說遠一點，不但世間法由心所主宰，即出世間法亦是心所創造的，故《華嚴經》云：「應觀法界性，一切唯心造」。是故欲謀世界和平，必先淨化人心。如《維摩經》所云：「心淨則一切國土皆淨」。

如何淨化人心呢？以佛教的立場言：守五戒、行十善（不殺生、不偷盜、不邪淫、不妄語、不綺語、不惡口、不兩舌、不貪、不嗔、不痴），信仰因果道理。唯如此才是人們運通、得失、富貴的尺度。唯有因果才能使人除卻不正的思想，才能軌範人們的善惡行為。世間有一人能信因果，就有一人能夠行善，也就是國家少一個壞人，多一個好人。若一個家庭裏的人，都能深信因果法則，不昧因果❸，人類心理自然會改變，而向善的方面去努力而行。唯有守法、行善才能使我們享受到眞正自由的生活。過和平的日子。有這麼一個故事說：

一家人要到湖邊去度假以前，做父親的宣佈了度假的規則，但是家裏的兩個少年表示反對。他們說：「我們是到湖濱去享受自由自在的生活，我們不需要規則的束縛。」一父親採納了他們的意見，取消了一切規則。但是一到湖濱，問題就來了。兩個男孩都發現沒有帶游泳褲。母親說，父親原來規定由她負責收拾和檢查行李，規則既已廢除，她犯不著多管閒事。

兩個孩子玩夠了回來吃東西的時候，父母親已經吃過點心。爸爸說，沒有規則，每個人都應該照料自己。

這兩個少年終於得到了一個教訓；規則有時候好像是不必要的束縛，但是卻能創造一個可以使你享受眞正自由生活的環境。

五・心包太虛，量周沙界

這世界上最值得欣賞的是清澈的藍天，寧靜的青山，樹蔭下的陰涼，草地上的溫馨，鳥兒的歌唱，小溪裏潺潺的流水聲，還有掠過天空的雲彩，以及陣雨後鮮花的清麗和泥土的芳香。

有些詩人認爲大自然比藝術品更美，英國十七世紀桂冠詩人德萊敦曾說明它的理由：「因爲藝術可能有錯，大自然卻永不失誤。」

我們的心若能容納大自然的一切，任其自由自在生長，則能和宇宙萬物渾然成一體。萬物靜觀皆自得，一念靜心成正覺。

如禪詩云：「木食草衣心似月，一生無念復無涯，時人若問居何處，青山綠水是我家。」民國六十九年十二月三日，星雲大師在國父紀念館講演時提到：《六祖壇經》說：「自性迷即是衆生，自性覺即是佛」，心、佛、衆生等無差別，佛就是衆生，衆生就是佛，其差別只在「心」的迷悟；迷則妄念叢生，萬緣攀附，疆界障隔，人我兩立；悟則豁然開朗，遠離妄緣，平等攝衆，心包太虛。

各位知道麼？我們的心原本也與佛陀一般，能夠包容一切。我們的心原本是何等寶貴，何等寬大啊！我們的心好像太陽、月亮，可以照破黑暗；我們的心好像田地，可以滋長善根，種植功德；我們的心好像明鏡，可以洞察萬象，映現一切；我們的心又如大海一般，蘊藏著無限的能源寶藏。

我們近來常聽說世界發生能源危機，其實眞正的能源未必就是石油，或電力，眞正的能源乃在我們的心中。如果沒有石油，沒有電力，我們的內心依然可以發放光明；我們的道德之光、修養可以照亮人間。雖然沒有錢財富貴，只要心中有能源，便能時時滿足，刻刻感恩，那也就是擁有富貴錢財了。

「若人欲識佛境界，當淨其心如虛空」，我們想和三世諸佛平等齊名，首先便要把心擴大，擴大到如同虛空一般。不僅我們的丈夫、子女可愛，乃至公婆、妯娌都很可愛；不只自己的親子可愛，前妻的兒女也很可愛；不僅是我們的親人、朋友可愛，乃至外面的同事、社會上的衆人、世間的芸芸衆生，每個人都很可愛。我們心中有佛，我們每個人都可以擴大自己的心。如果你要富貴，那就先把你的心擴大開來，使它能包能容，廣包廣容，富貴自然就在其中了❹。

六・總結

最後就以一段經文，做爲本文之結束。祈望人們能深切地了解自心，認識眞心，不以自我爲中心——體悟佛所說的緣生諸法的眞理，用虛心來容納一切，做到「我爲人人，人人爲我」。諸法既是衆緣和合的，當然就不是唯一、單獨。所以人類與自然可融和，人與人之間能互助。人人如此，就不會生起不善的心理去破壞他人，假若去破壞他人，那就無異破壞自己；污染大自然，也等於污染自己的心一樣。好比，和農夫過不去，我就沒有飯吃，和工人吵架，工人一罷工，我就沒有衣穿。俗云：「人如水，我如魚」，魚離開水，就不能生存，我離開了人，我破壞了大自然，同樣不能生存。世界上的人，如能個個如此想，去實行，則社會安樂、世界和平就指日可待了。那眞的是「萬家生佛」！

《大乘止觀法門》卷四：

心性自清淨，諸法唯一心；
此心即眾生，此心菩薩佛。
生死亦是心，涅槃亦是心；
一心而作二，二還無二相，
一心如大海，其性恆一味。
而具種種義，是無窮法藏，
是故諸行者，應當一切時。
觀察自身心，知悉由染業，
熏藏心故起，既知如來藏。

依熏作世法，應解眾生體，
悉是如來藏，復念真藏心。
隨熏作世法，若以淨業熏，
藏必作佛果。（《大正藏》卷四十六，六十六二上）

註釋：

① 芥子——梵語Sarṣapa，原係芥菜之種子，顏色有白、黃、赤、青、黑之分。體積微小，故於經典中屢用以比喻極小之物，如謂「芥子容須彌，毛孔收剎海」即為常見於佛典中之譬喻。又以「芥子投針鋒」比喻極難得之事。如北本《涅槃經》卷二：「佛出世之難得猶如芥子投針鋒」。

② 《大正藏》卷二十五，二七六中。

③ 慈航法師講述，《菩提心影》第二篇——人生。

④ 《星雲大師講演集》(二)〈從心的動態到心的靜態〉

第八章

計較與執著——遍計所執與諸法性空

1遍計所執性　2識的三性、三無性說　3遍計所執的定義　4遍計所執的種類　5過度計較的後果　6諸法自性空

一・遍計所執性

在人世間，有很多紛爭的起因就是從計較「你多我少」、執著「你有我無」中引發了不少無謂的煩惱。

舉世聞名的福特公司，有天為一位領班在其退休前夕舉行送別會，當這位當了十九年領班的人起來致詞時，大家才發現到，領班的臉和公司經理的臉怎麼那麼像，不禁納悶在心。

領班首先感謝大家這十幾年來對他的支持、照顧，接著又說：『從懂事到現在，小時候抱怨零用錢太少，計較衣服不夠新款，長大有了工作後，計較薪水太低，假期太少，我的一生就在這樣不斷的計較與抱怨中過了一大半。而我的弟弟，從不跟我爭執，只是埋頭做他自己的計劃，並細心檢查計劃是否周詳，計劃實現後再檢討缺失，怎樣才能更完美，從不把心思放在「得與失」上，更不會和人計較，就這樣他所作的計劃一個又一個地實現，他也從小職員變成公司的經理。同在一家公司，由於我的心態和他不同，所以至今仍是一個領班。或許各位已經發現了，那位和我長得很像的經理也在此，他就是我弟弟，我沒什麼禮物送給各位，只有把自己親身經歷的心路歷程向大家報告。今後我還有一大段美好的人生，我也要好好地計劃一下如何來過這個不計較、不執著的人生……』全場此時響起一片掌聲……。

有首古詩云：「你騎馬來我騎驢，看看眼前我不如；回首一看推車漢，比上不足下有餘。」

看到別人開著名貴轎車很拉風地在路上行駛，而看看自己只有騎著噗噗作響的摩托車的份兒，心裏覺得不是滋味，不如人。但回頭看一看，還有人騎著腳踏車，或步行，甚至還有人滿頭大汗地推著一輛板車上山坡，看看自己比上雖不足，比下還是綽綽有餘。如果我們對世間上的一切，都能抱持知足的心理，不羨慕、不比較，幸福自然會常伴左右。

星雲大師說：「一個有力量的人，他的價值觀是建立在對自己的肯定之上。沒有信心的人，才從外在的環境找尋自己的價值；當外境不如意時，起了比較、計較的心，痛苦也隨之而至。幸福的人，不從計較、比較上去貪求別人給予，而是肯定知足的奉獻人羣！」

在唯識學上，把分別計較，常起執著的心態稱爲遍計所執。

二•識的三性、三無性說

凡是有爲法皆是因緣所生的假法，無一法能夠常住而實有。而我們從古至今，仍迷於這些因緣所生的假法，執著心外有實法，相信「海可枯，石可爛，此情永不變」的誓言是眞的，追求榮華富貴以爲擁有它即可享幸福人生。由於對人起實我，對境起實法的妄見，而永沉於生死苦海中，無法出離。慈悲偉大的佛陀，爲了要濟度衆生的虛妄執著，特地講說三性、三無性的中道，俾使衆生得以契悟——因緣所生法，我說即是空。

三性，就是三種自性：遍計所執性、依他起性、圓成實性。三無性，是相無自性、生無自性、勝義無自性。

人對宇宙萬有總相的認識是無止境的，人們只能從總體上去把握屬於被意識到的事物和外部各個方面的完整規律，從中悟出存在於現象後面被意識遮蔽著的本質。爲了達到這個目的，唯識學從意識再現的事物入手，觀察其本質與現象之間互爲體用因果的關係，去實證體認眞理、認識客觀存在的途徑。識的運動和變化就在這個限度內去展開其「萬法以用顯體」的規律和方法。因此，作爲顯現意識的本質及其作用的識的三性層次，本身必須具備著有自性與無自性的形式。《成唯識論》卷九說：

即依此前所說三性，立彼後說三種無性，謂即相、生、勝義無性。故佛密意說一切法皆無自性，非性全無。說密意言顯非了義。謂後二性，雖體非無，而有愚夫於彼增益，妄執實有我法自性，此即名為遍計所執。為除此執，故佛世尊於有及無總說無性。（《大正藏》卷三十，四十八上）

佛學把人的思惟劃分爲兩個系統：一是可以借助概念的邏輯形式進行有意識的思惟；一是只能通過非概念的思想方式進行的無意識思惟。前謂：「了義」後謂「不了義」。把有意識之了義和無意識之不了義兩個系統的思惟，一起來把握即謂「無性」。此時，人的思想俱備著超越意識的自主性、主觀性等的限制而獲得大自在，故說「佛世尊於有及無總說無性」。唯識學認爲，在思惟的領域內，無性是依有性而存在的，離開了意識的各種作用，人就無法進行思惟，也不存在無意識之思惟系統了，故說「佛密意說一切法皆無自性，非性全無」。但由於人們僅習慣於在主體（實我）與客體（實法）互相作用下引起的有意識思惟活動，故佛學特開創依有意識而存在無意識的教法，而這只有在不可思議的、非言說的思想實踐活動中才能夠實現，故說「密意說，非了義」。

此中「相、生、勝義無性」，指的是，依識的遍計所執性而存在的觀念的本質，謂「相無性」；依識的依他起性而存在的思惟規律的本質，謂「生無性」；依識的圓成實性而存在的知識的本質，謂「勝義無性」。唯識學就通過識的三自性的作用和三無性的本質，來表達「無我」即「空」的思想，並以此去揭示人的思惟活動的奧秘。言意識作用下之思惟者「說有」，言無意識作用下之思惟者「談空」，空有皆不離識乃唯識理論思惟的一大特色。捨離遍計所執性之妄執、存依他起性之緣生，而證圓成實性之眞性，從而悟入「諸法無自性」的理體以契合「中道實相」的妙理，這就是唯識學提出三性三無性說的目的所在。

三・遍計所執的定義

遍計所執性，梵語Parikalpita-svabhāva。唯識三自性之一。又被譯爲遍計所執相、分別性、妄相自性、妄計自性、虛妄分別相、虛妄分別名字相等。

《解深密經》卷二〈一切法相品〉中云：

云何諸法遍計所執相，

謂一切法名假安立自性差別，

乃至唯令隨起言說。（《大正藏》卷十六，六九三上）

此段經文藏語的意譯如下：「所謂諸法的遍計所執相，由於僅是隨言說而起，若言諸法自性或差別，只不過是安立在名（namam）和假名（Saṁketa）表示上。換言之，各種現象的生起，是依因緣而生起，暫時假有無實體可得。吾輩凡夫對此幻象執著其爲實有而起分別心。這就是遍計所執相。《解深密經》又云：

若諸菩薩能於諸法依他起相上，如實了知遍計所執相即能如實了知一切無相之法。

（《大正藏》卷十六，六九三中）

遍計所執性，遍計，就是周遍計度之意，是在意識上作種種推求的心理活動。指一般凡夫迷惑之妄心。所執性，指在迷心之前所妄現之我相、法相；心執著外界的現象爲實有，此當情現相（對著情境而起執著、著迷之相）即叫遍計所執性。其實萬法因緣生，何來眞實之我、法？所謂，我、法，只是在迷惑心之前才有，並非眞有。如在暗夜見麻繩，誤以爲蛇，蛇乃妄有，理上則無，是心外法，是故必須排除。「杯弓蛇影」的事人皆盡知，把弓箭之影誤認爲蛇，生起心病，這也就是遍計所執。又凡夫妄執萬象，認爲實物皆實有，而遍計一切法，是明顯的自以爲是，如俗云：「一朝被蛇咬，三年畏井繩」；如夜入空屋，妄執有鬼，基於妄執，無中生有，像空中華，在相上是虛幻不實在。這便是周遍計度，妄情所現的實我實法相，稱之爲遍計所執性。

《唯識三十頌》云：由彼彼遍計，遍計種種物，此遍計所執，自性無所有。（《大正藏》卷三十一，六十上）

「遍」有種種的意思，如意識，有思惟、考察的種種行相如是周遍的生起計執，名爲遍計。如眼識見各式各樣的物相，耳識聽各式各樣的聲音……身識接觸各式各樣的體相，都全有遍計的作用。因遍緣一切的境界，這個遍計心的品類衆多，不一，所以說爲「彼彼」。「種種物」指的是普遍被計較執著的境界。指的就是被我們妄執實有的「五蘊」、「十二處」、「十八界」等。這個遍計所執的自性本無自體，但當虛妄分別心，妄執這個無體之物時，當下也會有一些境界現前。如我們看戲時，明知劇中人物和情節是虛構不實，也常情不自禁地進入情況，隨著劇情的「悲歡離合」而情緒起伏不定。尤其是看到《紅樓夢》中，林黛玉的境遇時，不自覺地會爲其坎坷的命運，病弱的身體一掬同情之淚。其實哪一個是眞實的呢，待戲終人散，什麼王公將相、美女、英雄一切都不存在。而當我們爲劇中人流淚、傷心、生氣時的心境就是一種遍計所執性。

《成唯識論》卷八說：周遍計度，故說遍計，品類衆多，說為彼彼。謂能虛妄分別，即由彼彼虛妄分別，遍計種種所遍計物。謂妄執蘊處界等，若我若法自性差別。此所妄執自性差別，總名遍計所執自性。（《大正藏》卷三十一，四十五下）

人的主觀精神活動是在意識的作用下進行的，它使人能夠在思想上預先構擬出活動成果的全貌，或者在想象中創造出未來事物的樣式和它們獨具的尺度等等。這就是所謂的「周遍計度」。它反映出意識的改造能力，包括在改造客觀世界的同時改造自己的主觀世界。由於在人的認識活動中存在著思想的主觀意向以及隨之形成的客觀內容兩方面因素的制約，使那些已經被意識到或者終將被意識到的種種現象，首先作爲經驗的感性的直觀映象展現在人們的面前。然而這類映象本身，可能存在著歪曲地表達了事物內部本質聯繫的屬性，因此它直接反映到人的頭腦裏所形成的東西，就不可能準確地顯示出事物的眞相，故說「謂能虛妄分別，即由彼彼虛妄分別，遍計種種所遍計物。」唯識學把這種虛妄分別的主觀映象稱爲「似外境」，它是與現實的「心外境」有一定差別的。這種差別不但來自主體自身的認識差異性，而且來自主體在反映客體時，客體自身的訊息差異性。這就如《成唯識論》所說的「妄執蘊處界等，若我若法自性差別」，它歸結於識的遍計所執性的作用。

常言「心有千千結」，就是因爲這顆凡夫心，時常會爲外境所轉，會執著計度各種現象，所以《攝大乘論》中說有二種遍計，四種遍計，十種遍計；《顯揚聖教論》說有六種遍計；《瑜伽師地論》卷七十三說有五種遍計等，今將遍計的種類列舉於下一節。

四·遍計所執的種類

《成唯識論》卷八云：識品雖二，而有二、三、四、五、六、七、八、九、十等遍計不同。（《大正藏》卷三十一，四十六上）

1. 二種遍計：

就是《攝大乘論》所說的自性計與差別計。如該論說：「遍計所執亦有二種：一者，自性遍計所執故，二者，差別遍計所執故，由此故名遍計所執」（《大正藏》卷三十一，一三九下）。《攝論講記》解釋說：「一、自性遍計所執，就是遍計諸法的一一自性，如色聲等。二、差別遍計所執，就是遍計色聲諸法的差別不同的義用，像色聲等的無常義、苦義、空義等。自性遍計，執諸法的自相；差別遍計，執諸法的共相。由遍計諸法的自性及差別，所以有兩種遍計所執自性」。《瑜伽師地論》卷七十三同樣說有二種遍計執性。如該論說：「云何遍計名自性？謂有二種：一、無差別；二、有差別。無差別者，謂遍計一切法所有名，有差別者，謂遍計名，此名為色，此名為受，此名為想，此名為行，此名為識。如是等類無量無數差別法中各各別名。復次，遍計所執自性執，當知略有二種：一、加行執；二、名施設執。加行執當知復有五種：㈠貪愛加行故；㈡瞋恚加行故；㈢合會加行故；㈣別離加行故；㈤捨隨與加行故。名施設執當知復有二種：㈠非文字所作；㈡文字所作。非文字所作者，謂執此為何物？云何此物？此物是何？此物云何？文字所作者，謂執此為此物，此物如是，或色乃至或識，或有為或無為，或常或無常，或善或不善或無記，如是等」。（《大正藏》卷三十，七〇三—七〇四）《瑜伽師地論》卷七十四又說二種：「又於依他起自性中，當知有二種遍計所執自性執：一者，隨覺；二者，串習氣隨眠」。

2.三種遍計者

有說一我、二法、三用的三種；有說一自性、二隨念、三計度分別的三種。《對法論》第二說：「自性分別者，謂於現在所受諸行自相行分別；隨念分別者，謂於昔曾受諸行追念行分別；計度分別者，謂於去來今不現見事思構行分別」。有關我、法、用的三種遍計，在《瑜伽師地論》卷七十三說：「或依境中體用差別，開體令用分之爲三，謂我、法、用體用相隨」。

3.四種遍計者

就是一、計自性；二、計差別；三、計所取；四、計能取。《瑜伽師地論》卷七十三說這四遍計的差別：「謂計三科諸法自性，名1.計自性；謂計色等一切諸法有見無見、無漏、漏等一切差別種種道理，名2.計差別；謂計色等一切諸法，是彼各各三界、三性、漏、無漏等心心所取，名3.計所取；謂計色等能取色等及計心心所取諸法，名4.計能取」。《攝論》說四遍計，除了自性計、差別計的兩種，更加有覺計、無覺計的二種。無性後二計說：「善名言者，謂自意趣在語前，行領解具足，故名有覺；與此相違說名無覺」（《大正藏》卷三十一，四〇四中），世親攝論釋後二計說：「善名言者，謂解名言，不善名言者，謂牛羊等。雖有分別，然於文字不能解了」。

4.五種遍計者

《攝論．所知相品》云：「如是遍計復有五種：一、依名遍計義自性，謂如是名有如是義；二、依義遍計名自性，謂如是義有如是名；三、依名遍計名自性，謂遍計度未了義名；四、依義遍計義自性，謂遍計度未了名義；五、依二遍計二自性，謂遍計度此名此義如是體性」。（《大正藏》卷三十一，一三九下）

印順導師的《攝論講記》解釋說：

一、依名遍計義自性，聽到某一不知意義的名字，就去推度那名下所詮的義是什麼，以為如是名有如是義，這叫依名遍計義自性。二、依義遍計名自性，現見某一義相，不知它的名字，就去推想那義的能詮名是什麼，以為如是義有如是名，這叫依義遍計名自性。三、依名遍計名自性，依已經了解所詮義的名，遍計度未了義的名，如聽見一譯名，譬如說阿賴耶，根本不知它的意義，現在用我國習知的名字去譯它，說阿賴耶就是藏，依藏名去計度阿賴耶名，這樣的遍計，叫依名遍計名自性。四、依義遍計義自性，依已知名稱的義，遍計度未了名的義。如初見電燈，不知它是什麼東西，見它能放光，知放光是燈名的所詮義，因此，以燈義去推度這電燈，這叫依義遍計義自性。五、依二遍計二自性，就是以已了義的名，及已了名的義，推求未了知的名義，或因名而推想到義，或因義而推想到名，遍計度此名此義，如是體性，這叫依二遍計二自性。

5.六種遍計者

《顯揚聖教論》卷十六云：「由有六種遍計差別故，遍計所執自性亦有六種。何等名為六種遍計？一、自性遍計，謂遍計色等實有自相；二、差別遍計，謂遍計色等決定實有有色無色，有見無見等諸差別相；三、覺悟遍計，謂善名言者所有遍計（如成年人能用言語表達所認識的，叫做善名言的覺悟遍計）；四、隨眠遍計，謂不善名言者所有遍計（如嬰兒的咿呀，及牛羊等不能以言語傳達它的意境，叫不善名言的隨眠遍計）；五、加行遍計，此復五種（就是前說的貪愛加行等的五種）；六、名遍計，此復二種：㈠文字所起；㈡非文字所起者。非文字所起者，如有計執此為何物？云何此物？此物是何？此物云何？文字所起者，如有計執此為此物，此物如是，或色乃至識，或有為或無為，或常或無常，或善或不善或無記，如是等」—（《大正藏》卷三十一，五五八上）

6.七種遍計者

就是七種分別，如前曾經說過的有相分別、無相分別、任運分別、尋求分別、伺察分別、染污分別、不染污分別。

7. 八種遍計者

《顯揚聖教論》卷十六云：「八種分別能生三事：一、分別戲論所依緣事；二、見我慢事；三、貪瞋癡事。八種分別者：一、自性分別，謂於色等想事，分別色等所有自性；二、差別分別，謂即於色等想事起諸分別，此有色此無色，此有見此無見，此有對此無對，如是等無量差別，以自性分別為依處故，分別種種差別之義；三、總執分別，謂即於色等想事所立我及有情、命者、生者等假想施設所引分別，由於積聚多法總執為因分別轉故；又於舍、軍、林等及於飲食、衣、乘等想事，所立舍等假想施設所引尋思；四、我分別，謂若事有漏有取，長時數習我執所聚，由數習邪執自見處事為緣所起虛妄分別；五、我所分別，謂若事有漏有取，長時數習我所執所聚，由數習邪執自見處事為緣所起虛妄分別；六、愛分別，謂緣淨妙可意事境分別；七、不愛分別，謂緣不淨妙不可意事境分別；八、愛不愛俱相違分別，謂緣淨不淨可意不可意俱離事境分別。如是略說有二種，謂分別自體及分別所依所緣事」。（《大正藏》卷三十一，五五八中下）

8.九種遍計者

就是指的九結：一、愛結；二、恚結；三、慢結；四、無明結；五、疑結；六、見結；七、取結；八、慳結；九、嫉結。結是煩惱的別名，以此九種皆能繫結衆生於生死中不得出離，所以名結。至於九結的意義，在解說諸煩惱時已有提及，不再多說。

9.十種遍計者

就是《攝論》所說的十種分別（《大正藏》卷三十一，一三九下——一四〇上）。如該論說：「總攝一切分別略有十種：一、根本分別，謂阿賴耶識（賴耶是一切種子識，以虛妄分別爲自性。一方面它本身是虛妄分別，另一方面它又是一切分別的根本，爲一切分別生起的依止。所以也可說賴耶是能遍計）；二、緣相分別，謂色等識（色等一切法爲緣而生顚倒分別，是能分別的所緣相，它本身是虛妄分別爲自性，是識的一分；並且依色等相而生起分別，所以名爲緣相分別）；三、顯相分別，謂眼識等並所依識（這是眼識等的六識，並六識所依的染意識。這七轉識能顯了境相，它是能分別，又因之而起分別，所以名爲顯相分別）；四、緣相變異分別，謂老等變異，樂受等變異，貪等變異，逼害時節代謝等變異，捺洛迦等諸趣變異，及欲界等諸界變異（這是由緣相分別的變異轉動而產生的分別。如老病死等的變異……因這種種的變異而引起分別，叫做緣相變異分別）；五、顯相變異分別，謂即如前所說變異所有變異（這是在識及所依止的顯相分別上，因如上所說的種種變異，而起的所有一切的變異，如因根有利鈍而識有明昧的變異，這叫顯相變異分別。這兩者，就是因一切法「現」變異而生的分別。根本分別微細不可知，所以不說根本變異分別）；六、他引分別，謂聞非正法類及聞正法類分別（這是因從他聽聞非正法類及聞正法類而引起的分別）；七、不如理分別，謂諸外道聞非正法類分別（外道們聽聞那些非正法類，而於其中生起的不稱正理的妄分別）；八、如理分別，謂正法中聞正法類分別（正法中的佛弟子，聽聞種種如理的正法類，引生正見的分別。這三者，他引分別是總，如理不如理是別，是依分別生起的思想學說的邪正而分別，不像前四、五兩種是有情俱生的分別）；九、執著分別，謂不如理作意類，薩迦耶見爲本，六十二見趣相應分別（是不如理作意類的薩迦耶「身」見爲本，而起的六十二見趣相應的分別，是小乘所對治的對象。以我見爲主體，引起六十二種各別的意見，所以叫見趣。六十二見，以五蘊三世來分別：如說色是我，我有色，色屬我，我在色中；第一句是我見，後三句是我所見。色蘊有四句，受想行識四蘊也各有四句，總成二十句。再約三世相乘，過去二十句，現在二十句，未來二十句，成六十句；加上根本的身異命異「常見」、身一命一「斷見」的二種，合成六十二見）；十、散動分別（這是大乘菩薩不共所對治的十種分別。散是散亂，動是流動；因這散動分別爲障礙，使無分別智不得現前，使我們不見諸法的眞實性。《般若經》中說的無分別智，就是對治這散動分別的）謂諸菩薩十種分別：一、無相散動；二、有相散動；三、增益散動；四、損減散動；五、一性散動；六、異性散動；七、自性散動；八、差別散動；九、如名取義散動；十、如義取名散動。爲對治此十種散動，一切般若波羅蜜多中說無分別智。如是所治能治，應知具攝般若波羅蜜多義。」

除上所說的各類遍計，其他還有十一、十二，乃至無量的遍計。總說一句，隨著依他起性有多少，遍計執也就有多少。《瑜伽師地論》卷七十四說：

「問：遍計所執自性有幾種？答：隨於依他自性中施設建立自性差別所有分量，即如其量，遍計所執自性亦爾。是故當知遍計執自性無量差別」。

五．過度計較的後果

由於遍計所執認妄爲眞，所以在日常生活中，不必要的爭執、誤會、不愉快就會產生。

有個實例爲證：

菁萍三個月前才做了新娘，丈夫王雄是某大工廠的助理工程師，小夫妻恩恩愛愛。一個月前，菁萍發現自己懷孕了，這是她與王雄愛情的結晶，這個不久將出生的小生命，給這個溫暖的小家庭裏又增添了不少的歡欣。

就在這時，菁萍漸漸發現丈夫的精神有些反常。最近連著幾天，天很晚了，王雄卻遲遲沒回來，結婚後他每天都是準時到家，可是今天怎麼啦？菁萍做好飯看一陣電視就趴到窗臺上向著街頭張望。天黑了，她獨自吃晚飯，又坐在牀上默默地等啊等，一直等到十點多，王雄才酒氣薰天地回來。一進門，左搖右晃，傻笑著拍拍菁萍的肩膀說：

『啊，賢妻！讓你久等了，對不起！工廠裏跟外國簽了一份技術合作的合同，晚上陪客人吃飯，你看，忙糊塗了，本來應該打個電話告訴你才是……』菁萍正上火呢，一看丈夫可憐兮兮的樣子，又滿嘴酒臭，那股厭惡勁不知怎地就來了，她寒著臉問：『還吃不吃啦？不吃我收拾了！』王雄討了個沒趣，搭訕著說：『那我去睡啦！』這天晚上，菁萍心裏極不滿意。

王雄進入了夢境，菁萍可千種煩惱萬種委屈一齊湧上心頭。不對勁呀，往常她也有撒嬌使性子不理他的時候，王雄總是陪著笑臉直到她氣消。今天怎麼如此呢！菁萍胡思亂想，一夜沒睡好。

打那以後，王雄每天晚上都很晚回來。回來也不等菁萍開口，他自己主動解釋：『這些日子工廠太忙，一項合同已簽訂，但在技術方面遇到難題，需要夜裏加班。』而且每天回來總是重複一句話：『對不起！你今天過得好嗎？』

「虛偽！」菁萍想：「我也沒問你，幹嘛自己解釋呢？再說加班爲什麼非要在工廠裏不可？把有關資料帶回來難道不行？又不是保密工程。只怕跟哪個女人幽會去了吧？」心裏想，嘴上沒說。她是小學教員，不比一般家庭婦女，有些話可不好張口就說出來。

日子就這麼淡淡的過著。菁萍覺著彆扭，也沒說破，王雄天天早出晚歸，表面上也挑不出毛病。

最近一件事，卻傷透了菁萍的心。

菁萍決定試探王雄是不是有外遇。這一天，她故意不做晚飯。和衣躺在牀上。王雄回來，果然驚惶失措，趕忙問她怎麼啦？並要送她上醫院。後來發現晚飯沒做，立即下廚房，風風火火，鍋碗瓢勺響得極其誇張。

菁萍的疑心得到了初步的驗證。今天爲什麼這麼勤快？分明是做賊心虛！有了這樣的想法，菁萍便進一步留心，抓住丈夫的點滴把柄。一天下午，丈夫又打電話給她，說他晚上遲回去一會兒。菁萍決定下班後到工廠裏看看王雄到底在搞什麼鬼名堂。

菁萍來到王雄的工廠，找到老闆打聽：『王雄在不在？』老闆說：『他回家了呀！他今天走得特別早，你有事到他家去找吧。』怪不得這些日子躲躲閃閃的，今兒你還有什麼話可說！回到家裏，菁萍心裏像打翻了五味瓶。

菁萍目光忽地落在王雄的小書櫃上。書櫃裏面是王雄的日記還有一些資料什麼的。菁萍想翻日記，從中找出點憑據。當她拿起一本日記剛翻開幾頁，忽然從日記裏掉出一張彩色照片。照片上是一個年輕小姐，那小姐很漂亮，正對著她甜甜地笑著。翻過來，照片背面寫著兩行娟秀的小字。

我的心永遠屬於你

你的婷婷

起先她懷疑丈夫，如今又抓到把柄，而她最怕的事實也得到證據。現在物證俱在了，她怎麼辦？心碎了！

她把鎖鍊照原樣弄好，那張照片貼身藏著，就等王雄發現追問，那好，她就可以結結實實的吵一架。

第二天上午九點，菁萍給王雄工廠打了個電話，問王雄在不在？回答不在。

菁萍無論如何也支持不下去了。她向校長請了假，一個人到公園裏坐了大半天，連午飯也沒吃。離婚?太沒面子。當時嫁給王雄,父母都不同意,如今更無顏回家訴苦。最後,菁萍決定自殺,她連走幾家藥房買了好多安眠藥。

菁萍回到家,流著眼淚寫好一份遺書,連那張照片一同裝入一個信封。這時樓梯響起了腳步聲:聽那節奏,就知道是王雄回來了。菁萍急忙藏好遺書和藥,然後躺在牀上裝睡。

王雄拿鑰匙打開門,進來。見妻子躺在牀上,很吃驚。忙問:『怎麼了?』菁萍心裏煩說:『不舒服。』『那到醫院去看看吧!』

菁萍心裏罵道,不用你假關心。但嘴裏說:『不要緊,只是身上沒力氣,過幾天就好啦。』

王雄趕緊做好飯,端上來,菁萍也不吃,說噁心。她的噁心,爲那張照片。

王雄遲疑了一會兒,開口:『我想告訴你一件事,(菁萍豎起耳朵聽著)我以前認識一個小姐,名字叫小紅。那個小姐現在有個要好的男朋友叫李用。是我的同事,但這個人見利思遷,被老闆的女兒看上後對小紅就冷淡了。誰知小紅因病住進醫院,我趕緊去醫院，才知道小紅得的是白血病，而且已經不能治了。』

小紅一見到我，眼淚汪汪的問：『你看到李用沒有？』怎麼辦？我不能在這時候說李用絕情的事，就騙她道：『看見李用了。他正在忙著籌辦你們結婚的事呢！』

小紅揮手請她的親友們到外面去，病房裏只留下我一人。她泣不成聲：『實話對你說了吧。我得了絕症，只剩下幾天的時間了，我昨天求人給李用拍電報去，臨死前我想見他一面。李用是個善良、熱情又有才華的男子漢，他會有美好的前途。我死後，你千萬要勸他別太悲傷，要幫他找個好小姐，勇敢地生活下去。』

我只能連連點頭，李用會來嗎？笑話。可是我還得忍住悲憤强裝笑顏：『說什麼傻話！你不會死，我還等著喝你們的喜酒呢！』

話一說完，王雄吸口氣，說：『小紅死了，帶著美好的祝福死了。這幾天，我心情一直很沈重。我想，我一定要對你好。可是你怎麼總是沒精打采的？小紅的症狀跟你相似，我害怕，你一定要到醫院裏檢查一下，別誤了事。你要是有個好歹，我怎麼辦？哦！對了，小紅給我一張她的照片，讓我拿給李用，我怎麼肯給那個禽獸不如的東西？

小紅在照片背面寫了字，還寫上她的乳名，她乳名叫婷婷。』

王雄說：『那張照片就在我的書櫃裏。我找給你看看，多好的一個小姐啊！』

可是，那張照片正跟遺書一道，放在菁萍的口袋裏。

就在王雄打開書櫃，彎腰去找那本日記的時候，菁萍急中生智，突然大叫一聲：『哎喲——』慌得王雄急忙站起來，驚問怎麼啦？菁萍說：『渴！渴死我了，我要喝汽水，冰的。趕快去買！』

王雄一拍胸口，說：『這幾天爲小紅的事，昏了頭，可眞忘了，上次加班，發了加班費，還帶在身上，沒向太太交帳呢。你還想吃什麼？我一塊買回來。』『不用了。我就想喝冰汽水，快。』王雄便急忙跑下樓去。

丈夫走後，菁萍趕緊把照片放回原處，並把那張沾著淚水寫成的遺書撕成一點一點的，還有那些安眠藥，一起丟進垃圾箱中。然後，端坐在椅子上等丈夫回來。

菁萍恨起自己來，他們家庭的不愉快全是她自己找的。丈夫加班，有什麼值得懷疑？還到工廠裏去查問，夫妻間不信任行麼？她又想，那天夜裏丈夫不驚動她，本是尊重，幹嘛要亂想呢？丈夫這幾天情緒不好，當妻子的不主動體諒他，眞是不明理！千不該萬不該，撬那個小書櫃……要是明天當眞的服了藥，那後果……多虧自己平常時時去寺裏拜觀音菩薩，一定是菩薩保佑，感謝菩薩……

門開了，王雄提著四瓶冰汽水走進來，菁萍迎上去一把摟住他，說：『王雄，我這一輩子一定要對你好！』

星雲大師說：「人生如何才能獲得幸福？要以責人之心責己，以愛己之心愛人；不比較、不計較、不怨天、不尤人、不侵犯、不推諉、不貪求、不瞋怒、不自卑、不懊喪、不邪見、不妄心，如此，必能為大眾所愛戴，社會所接納。」

六・諸法自性空

「識」的遍計所執性的作用發生在思維過程本身的一個階段之中，它是產生人的思想目的性的基礎，也是人獲得聰明才智的主觀的內在原因。人的聰明才智不是憑空而來的，所謂「實踐出眞知」的道理，必然首先在人的思想目的性活動中表現出來。不難設想，一個人如果沒有思想，或者他所從事的是一種沒有目的性的活動，那麼我們就不能稱這個人俱備有聰明才智。《成唯識論》卷八說：「計度分別能遍計故，執我法者，必是慧故」（《大正藏》卷三十一，四十五下）

這是說凡是有執「我」執「法」的功能作用者，恆與「慧」相俱。遍計是對外境的一種計度分別。在八種遍計中提到：第六種愛分別，謂緣淨妙可意事境分別，和第七種，不愛分別。舉例而言，人對自我之愛也有兩種，一種是自尊自信，一種是自私的愛。好的自我愛是自尊和自信。自尊的人對自己有很高的評價，在遇到失敗災難時，不會灰心喪志。自信的人充滿勇氣，敢冒別人所不敢冒的艱險。壞的自我愛是自私和自滿。自私的人以我為中心，從來沒想到別人；自滿的人洋洋自得，結果會自我放縱到令人厭惡的程度。

目前患「自私病」的青少年最多。治療的處方很簡單。中式處方是「先人而後己」；西式處方是「think of others first」（先想到別人）。這兩味良藥，其實是一樣的。

識的遍計所執性的作用是以感性的經驗的對象爲出發點，它在人的情感和行爲上是存在的。但它在眞理的範圍內是沒有繼續存在的價値，故曰「情有理無」。因此，唯識學對它不是採取否定而是捨離的態度，故曰「遮虛妄執」。

「遍計所執」是心識活動的一種，我們知道，「識」是善惡的根，「心」爲苦樂的根本，所以一切有情衆生，唯以自心造善惡業，感苦樂果，現實生命所受的一切，都得由自己負責，絕對不是任何外在的力量所能給予我們的。若能體悟「三界諸法，唯是一心所造」，就不會斤斤計較外在的困撓、折磨；也不會執著於目前的窘境而感到不平。因緣法是依他而起，自性是空。所以《大般若經》云：

莫貪阿耨多羅三藐三菩提，何以故？阿耨多羅三藐三菩提，非可貪者，所以者何？諸法自性空故。

註釋：

① 《諦觀全集》論釋十，演培法師著。

② 慈航法師全集第四編，《成唯識論講話》。

③《唯識史觀及其哲學》，法舫法師著。
④〈略論三性，三無性〉，《法音》一九八九年六月號。
⑤《唯識學研究》，深浦正文著。
⑥《唯識三十頌要講》，太田久紀著。
⑦《唯識要義》，楊白衣著。

第九章

因緣所生法——依他起性與緣起無常

1何謂因緣　2因緣與人際關係　3依他起性的定義　4依他起性的特質

5緣起無常——人生才有希望

一・何謂因緣

《方廣大莊嚴經》卷十一云：「一切法從因緣生」。

二千五百多年前，佛陀在菩提樹下，金剛座上，覺悟了宇宙人生的眞理。佛陀覺悟的眞理是什麼呢？

是「因緣法」，是「緣起法」，如果我們眞能體會此「緣生則聚，緣散則滅」的眞理而受用的話，我們也能像佛一樣遠離世間的一切煩惱困苦。佛經上說：諸法因緣生，諸法因緣滅。

「因緣」，梵文hetu-pratyaya。「因」，是指引生結果的直接原因；「緣」是指由外來相助的間接原因。因緣，廣義而言，是指宇宙現象界的種種相互關係，例如：人與人之間的相敬相愛、相爭相逐、相善相惡，物事的生滅聚散等的種種關係。

懂得因緣，就會了悟世間衆生的命運、浮沈，懂得世間生命的緣起緣滅，對於宇宙人生的眞理就會洞徹清楚，了然於胸。

法不孤起，仗境方生。
道不虛行，遇緣則合。

《楞嚴經疏》云：聖教自淺至深，說一切法，不出因緣二字。

例如，我們要建一座十層大廈，一定要結合磚瓦、木料、水泥、金錢、人工……等各種因緣條件，才能建築完成。

由因緣而生一切萬法，在唯識宗的根本論典《唯識三十頌》中有此說法：「依他起自性，分別緣所生」。

「依」是仗托義，「他」是指諸法因緣。是在說明一切法，自不能生，皆仗因托緣，因緣具足，乃能生起，因此世間法、出世間法，皆依他而生起。

《瑜伽師地論》卷七十三云：云何依他起自性，謂從眾緣所生自性。

又云：

依他起自性，由何故依他？答：由因緣故。

《成唯識論》卷八云：謂心心所及所變現眾緣生故，如幻事等非有似有誑惑愚夫，

一切皆名依他起性。

所謂「心心所」的自證分「及所變現」的相見二分，無不是由「衆緣」和合而「生」的。緣生諸法，「如幻事等」那樣的「非有」而又「似」乎是「有」，以此「誑惑」世間的「愚夫」，愚夫被它所誑惑，不能了達它的假有似現，而以爲它是實有，由此亦可知道「一切皆名依他起性」。被誑惑的愚夫，於此依他起上，即不了達它的如幻假有，於是就在上面「橫執我法」，或者執著是「有」是「無」，或者執著是「一」是「異」，或者執著是「俱」是「不俱等」，「等」是等於或執是實是不實，是常是無常的一切執著。但是不是眞的如愚夫所執？不！一切所有的妄執，「如空華等」，若「性」若「相」，是「都無」所有的，如是「一切皆名遍計所執」。若於「依他起」上了解「彼所妄執」的「我法俱」是「空」的，根本沒有它的實質可得。

《顯揚聖教論》卷六云：依他起自性者，謂從緣所生法自性。

明一切本無自性者，是依托衆緣而起，是衆緣和合而成；但衆生不明眞相，執著具有品質相貌的假有之法爲眞；於無我中，執有實我；於無法中，執有實法。不了解一切諸法都是衆生的虛妄分別心爲因緣而產生，所以《唯識三十頌》云：「依他起自性，分別緣所生。」由於有分別心才有你、我、他等人我是非的產生，才會在事物上分別你的東西、我的東西。「分別」是指一切心品的「見分」（主觀的分辨能力），這個見分是因緣所生；要有一個對象（客觀條件）爲所緣，所以說，見分是內要依仗見分種子，外是藉著境界、知識等因緣，才能生起。因此應知有虛妄分別是緣所生。緣所生義，就是依他起義。故《方廣大莊嚴經》云：「一切法從因緣生」。

二・因緣與人際關係

人的成功與否也是視其是否有良好的因緣條件而定。因緣與人我之間，往往有非常密切的關係，若沒有相當圓滿的因緣和合，人際關係就會欠缺，會有遺憾，所以任何事都要依因緣成熟的快慢而衍變承受。急不得，也強求不來。

諺云：「種瓜得瓜，種豆得豆」，這句話一般人都聽得懂，也正是佛法所謂的「因緣果報」最好的詮釋。因爲在這世界上，沒有「偶然」的繁榮，也不會有「無因」的興隆。

《六祖壇經》中，記載五祖度化六祖慧能的一段因緣：

六祖慧能年輕的時候，從廣東跋涉到湖北，曉行夜宿三十多天才抵達黃梅的東禪寺，想跟隨五祖弘忍學法。初見面時，五祖就看出了他學佛法的根器、因緣俱已成熟。

問：『你從那裏來？來尋求什麼？』

答：『弟子遠自嶺南來，但求成佛作祖！』

五祖聽了這回答，不覺心中一凜，爲測試此子夙緣，便不假辭色：『你不過是小小一個嶺南蠻子，如何敢企求諸佛諸祖的境界？』

慧能侃侃而談：『人有東西南北的畛隔，佛性沒有東西南北的分限；因緣和合，人人都能成佛，我爲何不能作祖？』

五祖當下深覺契合，想想，吩咐說：『很好，你就留下來跟大家一起做事，到槽房去工作吧！』

從此一連八個月，慧能天天拿著柴刀砍柴，一捆捆的砍下去……天天在腰上綁了石塊，踏著石碓舂米，一步步的踏下去……五祖不聞不問，不傳一句佛法；六祖不言不語，絕無一絲怨咎——一直到後來五祖連夜將衣鉢傳與六祖之時，才用一首偈語道破了這一段公案：

「有情來下種，因地果還生；
無情亦無種，無性亦無生。」

意思是說：當初你遠自嶺南來向我求道的時候，你的因雖已成熟，情也懇切，環境的機緣卻還不夠圓滿，所以我必須讓你先自我打磨一段時間，等一切因緣具備了，才好傳法給你。

世間有很多人不解因緣，忙著在人間奔走，忙著功名榮耀的爭取，沒想到衝刺的結果是天下沒打成，自己卻迷失了。在失意挫折中找不到自我，埋怨別人不肯拉你一把，嘀咕老天爺對你有偏見……等種種不平的情緒氾濫到極致時，就會造成災害了。

播下再好的種子，也不見得都能立刻冒出芽苗。要是土質不良，日照不足，生長條件欠佳的話，有時候連芽苗都冒不出來。因此，辛辛苦苦播下的種子，冒芽的時間亦有早有晚，有時也會因條件不足而萎凋。事業的經營，如能顧及消費者的方便，則播下的種子必能萌芽成長。所謂「一分辛苦一分收穫」，更何況，只要開拓、製造有利的條件，芽苗即可及早冒出。

這就好像有的花春天播種，秋天就開得燦爛了；有的花今年下種，卻要等到明年才能開花；有的花更久，種是種了，卻要生長幾年才能開花結果。有的種子發了芽也會因土壤、水分、陽光的不足而枯死，要再重新播種。而此時的「緣」就是再生的起點。而這個再生的緣也可能是得度的因緣。

人世間的因緣，忽然邂逅，忽然離散，總有個理則在，「不經一番寒徹骨，焉得梅花撲鼻香」，很多事總要事先有因有緣，才會結緣結果的。這就好像石頭希遷禪師初見他的老師青原行思禪師的時候，青原問他是否出自曹溪（六祖慧能）門下，拜師之前心裏有些什麼障礙沒有：

『你去曹溪之前，帶了什麼去？』

『本性俱足。』石頭笑道：『我去曹溪求師之前，並不缺少什麼。』

『既已圓滿，何必更去曹溪參學？』

石頭希遷禪師斷然放下身心：『要是不去曹溪，怎麼知道我什麼都不缺，又如何能照見身心自在！』

這就是說：一切因緣，都要在本來面目上求，向無所不在的生活境遇中證悟。時時清涼水，是因緣；處處般若花，是因緣；父母生養我們，是親情因緣；師長教育我們，是學問因緣；農工商賈供應我們的生活物品，是社會因緣；我們要坐車到目的地，就得有司機先生開車，這是行路的因緣；我們在家扭開電視機，就有許多歌舞娛樂節目，這是視聽的因緣……靠了這麼多因緣的巧妙組合，我們才能過著快樂自由的生活。

對於人我之間的因緣關係，用寺廟裏彌勒菩薩的一首對聯可以表露無遺——

眼前都是有緣人，相見相親，

怎不滿腔歡喜？

世上盡多難耐事，自作自受，

何妨大肚包容！

三・依他起性的定義

依他起性，梵文：paratantra-svabhāva，西藏語：gshan-gyi dham-giram-bshim。又作依他起相。緣起自性，是藉種種助緣而生起。例如，樹是因，人將其製成木材的過程是緣，而後才有桌、椅的產生，由於皆是因緣而生、衆緣和合，故名依他而起，非自然生，故生無自性。依唯識思想的解說，凡因緣所生之法總爲不實，故謂之妄；而不生不滅之法爲眞如眞實，故謂之眞；唯識宗爲明瞭「眞妄之究竟」所以立三性說，就是：一、遍計所執性，二、依他起性，三、圓成實性。

這三者的關係如何，下一章會詳述，本文僅以「依他起性」——因緣和合而生之法爲主。

此依他緣而生起一切如幻假有等現象之諸法，屬於有爲法，在百法中，除六種無爲法外，其他九十四法皆爲此性所攝，由於一切有爲之現象皆因緣和合而生，因緣散則諸法滅，所以有「如幻假有」、「非有似有、假有無實」等說法。

但《顯揚聖教論》卷十六云：

問此依他起自性，為是實有？為是假有？答：應知此性通假實有。問：為由世俗故有？為由勝義故有？

答：當知由世俗故說之為有。

又云：「依他起自性，非如施設，決定是有；亦非一切決定是無。故一切種，非有非無。然許一切種，皆可言說：謂若有、若無、亦有、亦無、非有、非無。

《顯揚聖教論》卷六中，提到依他起性有哪些功能。

問：依他起自性，能作幾業？

答：有五種。一、能生諸雜染體。二、能為遍計所執自性，及圓成實自性所依，三、能為眾生執所依，四、能為法執所依，五、能為二執習氣麤重所依。

又在《相宗絡索》書中，對依他起性之義，作如下解：

依他起性，或依境或依根或依言或依義展轉，依彼事理揀別真妄而實知之。此相宗所依以立量就流轉中證還滅理，比量也由此度理無謬，雖未即親證真如而可因以證。如

由八識五遍行流注六識而成此性。（《相宗絡索》，衡陽王夫之撰）

識的依他起性之作用，是通過思惟的規律性活動來實現的，即所謂「依他起自性，分別緣所生」。這個「緣」就是規律的意思。唯識學把思惟過程中出現的種種現象以及它們在人的心理上所產生出來的作用，概括爲「五位百法」。五位百法是依托衆緣而生起的，衆緣是指因緣、增上緣、所緣緣、等無間緣，它們作爲識在運動和變化過程中所表現出來的思惟規律，是與客觀規律相一致的，並對人的一切思想實踐活動進行規範。其中，心、心所法依四緣生起，色法依二緣（因緣、增上緣）生起，以及在緣生色、心諸法所假定的不相應行法（指來源於主觀而存在於客觀的事物）等四位九十四法都是依托衆緣而生起。這種衆緣生諸法的理論，從原始經典到大乘佛教的論典皆有提及它，「如幻假有」地表達了法相唯識的基本思想，亦爲依他起性的眞實含義。依他起性是阿賴耶識緣起說之分別自性緣起的依據，它把識所面對的一切事物規定爲依因緣和合而有，非是固定的實有自體的功能。這和「緣起性空」的觀點是相契合的。

四・依他起性的特質

㈠如幻假有

《成唯識論》卷八云：「有義，三界心及心所，由無始來虛妄熏習，各雖體一，而似二生。謂見、相分，即能、所取。……二所依體，實托緣生，此性非實，名依他起。」

這裏的「三界」，謂經驗感知的外界事物，名曰「欲界」；觀念再現的客觀對象，名曰「色界」；概念抽象的本質屬性，名曰「無色界」。此三界係指被人們明確意識到的，包括人們在思考問題時所直接意識到或自覺運用的一切知識要素的總和，故說「有義」。這些知識不論是親身感知獲得的，還是通過學習接受的，它們在人的思想實踐活動中常常受到自我意識的調節和限制，並明顯地帶有過去意識的痕迹，故說「由無始來虛妄熏習」。當這些知識進入人的主觀精神活動中的時候，它們便作為思想藉以進行的最基本要素而存在，包括存在於人腦內成為思惟的主體意識和存在於人腦外成為思惟的客體意識，故說「各雖體一，而似二生」。所謂「見、相分，即能、所取」，就是說，思惟過程本身的規律性活動具備兩方面的作用：它一方面依主體意識去分析對象，即取對象的屬性而生起能緣之心，此謂「見分」；另一方面依客體意識去分析主體，即取主體的屬性而生起所緣之境，此謂「相分」。見分的能緣之心和相分的所緣之境皆來自相關的知識體系，它們由人們所感知和思考外物的最小訊息和符號單位按一定的邏輯框架或思惟模式排列而成，故說「二所依體，實托緣生，此性非實」。

依他起如何是如幻假有？

《成唯識論》卷八云：「雖無始來心、心所法已能緣自相見分等，而我法執恆俱行故，不如實知眾緣所引自心心所虛妄變現，猶如幻事、陽燄、夢境、鏡像、光影、谷響、水月，變化所成非有似有。依如是義故有頌言：『非不見真如而能了諸行，皆如幻事等雖有而非真。』」

雖說一切有情眾生從無始來的心心所法，已能緣其各自相、見分等，然而因有能障的我、法二執恆時俱行不息的關係，將依他如幻的道理覆障起來，所以不能如實了知眾緣所引的自心心所虛妄變現，以爲它是客觀外在的實有自體，所以不能了達依他如幻。爲了顯示依他起的非實有，現在特以八種譬喻來說明。《攝大乘論講記》說：爲什麼要用幻等八喻來說明依他起自性呢？爲了依他起自性的虛妄分別法，生起不同的疑惑，爲了要除他虛妄法中的疑惑，所以說幻等八喻。實際上，不一定要這樣各別的除遣疑惑，是可以互相通用的。現在先解說這八喻的差別。

(1)猶如幻事：如幻術所變的象馬牛羊，雖不是眞實的象馬，但象馬的幻相，能成爲我們的對象。依他起性也是這樣，雖沒有像亂識所見的實有的色等境義，但顯現可得，能成爲能遍計心心所法遍計所行的境界。

(2)陽燄：如春天的陽光，照耀著飛昇的水汽，它雖不是水，但能引起渴鹿的水想。色等依他也這樣，雖不是實色，但他現起的倒相，能使心心所生起。

(3)夢境：如夢中所夢見的種種境界，雖都並無其事，但在夢中卻眞會生起佈畏或欣喜的心情，疲勞或舒適的生理感覺。依他起也是這樣，雖所現的沒有眞實，可是有可愛和不可愛的受用差別現前。

⑷鏡像：如鏡中的影像是沒有實質的，因外境有本質的關係，鏡中自然現起影像來。依他起的愛非愛其實也是這樣，雖沒有愛非愛的實義，但依不淨的善惡業因，自有可愛不可愛的果報現起。

⑸光影：如人在燈光下，作種種手勢，牆壁上就有種種的影像現起。所謂如弄影者，有其種種光影可得。這光下所現出的光影，自然是不實在的。依他起的種種識也是這樣，雖沒有眞實的種種識，但有種種諸識轉起。這與陽燄喩的心心所法不同，前者是說沒有實境，可以有心法的生起，此中是說沒有實心卻可以生起種種差別識。

⑹谷響：如我們在山谷中呼喚什麼就有什麼回響。這回聲，本沒有人在說，但聽起來好像實有其事。依他起的言說也是這樣，雖沒有實在的見聞覺知的言說，但可現起種種言說的語業。

⑺水月：水中沒有實在的月，然因水的澄淸明淨，能映出相似的月影來。依他起的定中境界，像變水爲地，變地爲水等，也是這樣，雖不是眞實的，但由三摩地的力量，就隨種種的勝解不同，現起似乎眞實的定境。

⑻變化：如善於變化的幻師，以樹葉稻草等，變為象馬車乘，他明知這象馬車乘是假的，但還是要變，因為變的東西，也還有用處。菩薩的受生也是這樣，明知諸法無實，但變現種種身相，利樂有情。如上所說的八種譬喻，看來好像一切有所成的實在都是非有的，不過因為顯現可得，似乎是有的一樣。

在《維摩詰所說經．方便品》中，也以十種譬喻來表示人身乃依於衆緣和合而成，而其本質無有實體，也沒有恆常之性。十喻如下：

⑴如聚沫喻：謂人身如泡沫，轉眼瞬間即逝。

⑵如泡喻：謂人身如泡，瞬息破滅。

⑶如炎喻：謂人身從渴愛生。

⑷如芭蕉喻：謂人身之中無堅固不壞之實體。

⑸如幻喻：謂人身從虛妄顛倒所生。

⑹如夢喻：謂人身如夢，所見皆屬虛妄。

⑺如影喻：謂人身從業緣顯現。

⑻如響喻：謂人身屬諸因緣之和合。

⑼如浮雲喻：謂人身須臾即滅。

⑽如電喻：謂人身之心念無一常住。

《大般若經》卷四百六十七亦云：

謂諸菩薩作是思惟，諸行如幻，虛妄不實，不得自在。亦如虛空、無我、有情命者、生者、養者、士夫、補特伽羅、意生、儒童、作者、受者、知者、見者，皆不可得。雖是虛妄分別所起，一切皆是自心所變。誰訶毀我？誰罵詈我？誰凌辱我？誰以種種瓦石刀杖加害於我？誰復受彼凌辱加害？皆是自心虛妄分別，我今不應橫起執著。如是諸法，由自性空勝義空故，都無所有。菩薩如是審觀察時，如實了知諸行空寂，於一切法不生異想。（《大正藏》卷七，三六五中）

由此經文可知一切法中，心爲原本。一切法中，心最爲勝，一切法中，心爲難知。一切法中，心義最要。然非執我衆生，所能親契。是故必使先了知唯識道理，俾就現行，親證種習。而知「識性識相」皆不離心，心所心王皆依識主，歸心泯相，心義現前，乃能了知三界一切法，無不唯心所造。而頓捨私我妄執，以如實自知心也。以是義故，應建立唯識法門。

因緣所生的依他起性有二種特性，今先舉例後有說明。

(二)淨分與染分

從前有一位善解鳥語的挑夫，家境非常困苦，專事幫人運貨挑物賺錢維生。一天，有位商人雇請他運貨回家，途中感覺口渴，就在河邊喝水。那時飛來一隻鳥，吱吱喳喳的叫了一會兒，商人聽了心中感覺悶納，又看見腳夫對著鳥在微笑。回到家中，商人忍不住心中疑團問挑夫：『我們在河邊飲水，有隻小鳥突然飛來不停地鳴叫著，當時你還對著鳥笑，這到底是怎麼一回事呢？』

挑夫回答：『那隻鳥告訴我，你身上有粒珍貴明珠是無價之寶，要我殺了你，然後拿取明珠，我就不必再做如此辛苦的工作，馬上就可以成爲大富翁，而你的肉就可以成爲它的美食。我聽後只是對它笑笑。』

商人又問：『你知道我身上有顆明珠，爲什麼不殺我？』

挑夫說：『我前世就是爲了貪取別人的財物，今天才貧窮得幫人做苦力，若再殺人取寶珠，來世的苦，豈不是比今世更慘嗎？那要到何時才能解脫貧窮呢？所以我這一生決不再取不義之財。』（《經律異相》卷四十四，《大正藏》卷五十三）

了悟「因緣法」，知道自己的存在是依「緣」而存在，不管是善是惡，是煩惱，是清淨，都是「依他起性」。見財起貪意，而造惡業，是「染分依他」，（有煩惱）；見財不起貪意，反而思惟，警戒自身不可再造惡，這個念頭是屬「淨分依他」。

染分依他，指依虛妄分別之緣而生起的有漏雜染之諸法。

淨分依他是指依聖智之緣而生起的無漏純淨之法。但若就別義而言，淨分依他亦攝於「圓成實性」中。故《成唯識論》卷八云：

頌言分別緣所生者應知且說染分依他，淨分依他亦圓成故。或諸染淨心、心所法皆多分別能緣慮故。是則一切染淨依他皆是此中依他起攝。（《大正藏》卷三十一，四十六中）

又《解深密經》卷二〈一切法相品〉云：

若諸菩薩能於依他起相上，如實了知無相之法，即能斷滅雜染相法。若能斷滅雜染相法，即能證得清淨相法。

有一位虔誠的佛教徒，她承認自己的教育不足，在選擇丈夫的時候，只知道依附，並且受盡折磨。離婚之後，她孑然一身，覺得天下之大，而自己竟如此蕭瑟孤索；她的心很冷，浮在臉上的是未經紅妝的蒼白；在她身後的感覺，好像世間上所有支撐力全然消失了，走起路來，有點搖晃。我們卻暗中爲她揑一把汗，倒不是怕她墮落，因爲她是那種給人很有自持感的女人；而是世情何堪，竟使如此懦弱的小女子背負如許沉重的負擔。

幾個月下來，她容顏依然那麼蒼白，但是，她正默默地求職和求學，不再找朋友訴苦；爲了她的自尊心，沒有人敢當面塞錢給她，心裏卻爲她急得心焦。

沒有朋友敢期許她有重大的改變，就像寒風之下，牆角的小草，不敢期待它過得了冬。除了少數人之外，熙攘的臺北，從來未曾注意到這牆角的小女子。

直到有一天，他的朋友發現她依然沒有倒下；瘦弱的她每天早上爲人擦拭汽車、掃樓梯間，及幫人照顧孩子，晚上則到夜校練打字、速記和電腦操作。很少人相信她可以承擔一天二十四小時的工作和讀書，也很難相信她能夠用半條吐司和三杯牛奶度過一天。

她就是這樣承受下來。直到今天，她容光煥發地生活著，且成爲一家公司的老闆。由於她的選擇和努力且善於把握因緣，因此改變了困苦的環境，而擁有一片自己的天空。

就由於依他起性有染、淨之分，所以如《解深密經》所云：

「斷滅一切染相法故，證得一切清淨相法。」（《大正藏》卷十六，六九三下）

國立空中大學人文學系主任——沈謙教授，在他的〈一念之間〉這篇短文裏提到：

「樂觀的人看到玫瑰想到它的香味，
悲觀的人看到玫瑰想到它的刺，
玫瑰是一樣的，
不一樣的是人的觀點。

生活像磨石，
它能將你磨碎，
也能使你磨得發光，
問題在於你的本質。」

當別人對你有意見時；如果你認爲是善意，不但可以化干戈爲玉帛，更可以得到啟示與警省，得到助力與友誼。如果你認爲是惡意，不但善意急轉爲惡意，更可能遭致煩惱與怨尤，徒增阻力與敵意。

五・緣起無常——人生才有希望

由上所論，我們知道依他起性，是因緣所生法，非實有，是經由空間和時間以及客觀的因素來決定它的存在。佛教的根本思想——緣起，在時間和空間上，顯示了萬法的實存狀況。在原始經典中，曾提到：

「云何緣起？謂緣生即有老死。若如來出世，此法常住、法住、法界，此為緣起法。彼如來自所覺知，成等正覺；見緣起即見法，見法即見緣起；見法即見佛，見佛即見法。」

從上述有名的經文中，我們更可以了解緣起的意義。

人活在世上，有兩道關口很難通過，又不得不通過。一是我們存在的形軀，二是我們生活的人間世。人的眞實生命，總是落在我們存在的形軀去展開人生的行程，然而我們存在的形軀卻是有限的，這是人生悲劇性的開始。來自形軀的限定：一是會病痛會老死，不管人生多美好，總有一天我們會割捨一切而去；二是會疲累會傷感，不論是誰面對人生，總有承擔不了的時候；三是性向才情天生各異，各顯精采，也各有局限。所以人的情意理想，總不能有充實的實現；失意和挫折幾乎不可免的環繞在我們生命的周遭。

因爲緣起即無常，緣起即無我，就由於宇宙間的森羅萬象是無常，有生滅變化，所以星雲大師言：「由於諸法無常，人生才有希望。」所以人生的圓滿與否，端看我們如何去面對承擔，如何去處理化解。只要正確地認識因緣，和他人建立融洽的關係和良好的溝通，廣結善緣，體證般若定慧；不拘泥於世相，不執滯於人我，才能和諸佛一鼻孔出氣，心遊法界，逍遙自在！

第十章 萬法融和——圓成的世界與人空法空

1圓成實性的世界　2圓成實性的定義　3自覺與融和　4融和萬法的智慧——人空與法空　5三性與萬法之融和

一・圓成實性的世界

前章提到——只要正確地認識因緣，和他人建立融洽的關係和良好的溝通，廣結善緣，體證般若定慧；不拘泥於世相，不執滯於人我，才能和諸佛一鼻孔出氣，心遊法界，逍遙自在！

因此，若能體悟「緣生則聚，緣散則滅」的緣起法則，不執著有無，則人生應是和諧而無矛盾。衆生皆有佛性，在緜延廣大的生命流中，人類只有一種心——「以仁爲本，以悟爲主」，故佛云：「大地衆生，皆有如來智慧德相，只因一念無明，妄想執著而不能證得正等正覺。」（《華嚴經・如來性起品》）

所以，人心雖有染淨不同，但本性無垢，縱使因習氣、執著、貪欲等而身繫囹圄，唯本性無垢，亦充滿希望。只要眞心懺悔改過，本自圓成的眞如佛性自然顯現，這圓融無障的心性，也正是一顆融和染淨、融和眞妄、融和有無的眞實心、平等心。嘗云：「心、佛、衆生，等無差別」。佛經云：「菩薩心垢淨，常遊畢竟空。」

凡夫有染著有差別的心一旦雲消霧散時，自見清淨圓成本性。這個圓成本性因爲是遠離「我執、法執」等二執，所顯現的眞理，故稱其爲眞空或般若空。與「眞空」相對的是「妙有」，清淨自性渾然圓成故稱「眞空」，以眞空故緣起之諸法宛然；以所悟之境，乃因緣果之萬法，因其實成而稱妙有。這也就是《般若心經》所謂的「色即是空，空即是色」的道理。亦即一切的存在（色身五蘊八識的有）皆由各種條件因緣和合而成，是假有而非實有，一旦因緣條件散失，一切也就幻滅不存在。故無實體的「空」亦無實體的「有」，能超越有無，就不會落入虛無；能把握「融和」就能體會「圓成實性」。能解決現實中所遭遇的困境，就能針對現實發揮其微妙作用。

世人往往看不清世事眞相，直以爲自己所站的角度來看現象界的一切，才有很多的煩惱產生。

日本武士道風行，其求眞尙義的精神令人佩服。有天，二位武士分別從二個方向奔至一棵樹下——且大聲爭論卡在樹上的一面盾的顏色，一方說是金色，另一方說是銀色，二人僵持不下，各執己見。最後，只好比武定勝負，待兩人都身受重傷，將要倒下的那一刻，才發現那面盾，一邊塗金色，一邊是銀色，二人誰也沒猜對，卻平白犧牲寶貴的生命。在古老的中國，同樣的，也有類似的故事發生。這篇故事出自《韓非子·說難篇》。

從前衛國有一位士人，叫做彌子瑕，衛國主君很寵信他。一個晚上，有一個使者來找彌子瑕，告訴他，他母親生病了。因爲是晚上，無法與主君商量，彌子瑕詐稱已經得到主君的許可，駕了主君的車子就出去了。當時按照衛國的法律，未經主君許可而乘用主君用車者，要處以極刑。但是，後來衛君聽到了這件事，卻反而誇讚他，爲了母親，連極刑都忘了，實在孝順。

又有一天，彌子瑕陪衛君在果園玩；彌子瑕摘了一個果子，吃了幾口覺得非常的可口，就把剩下來的獻給主君吃，衛君很高興。

『他多愛我，好吃的誰不想全部吃了？他卻留下來給我吃！』

幾年之後，彌子瑕失去了君王的寵信。這時衛君數落彌子瑕的不是。

『這個傢伙太冒失了。他竟敢詐騙，沒得到我的准許，私自用我的車子，又讓我吃他吃剩的東西。』同樣是吃剩的半個桃子，從不同的角度看，會有不同的看法。這表示因緣條件會隨著時空的遷移而有所改變。如果一味固執己見，堅持自己才是正確，是對的，不解融和之道，那受苦的日子就更多了，所以有智慧的人，胸中已無「自大自我」停留的空間。知識只有讓我們瞭解事實，智慧卻讓我們懂得活用這些眞相。

人的內心有八層，也就是我們所謂的「八識」（前幾章已介紹過），而我們就住在這八識的世界，這就是唯識學派所謂的人類的內心世界的眞相。同樣的，對人類的了解對自我本性的探討，在唯識學上用另外一種角度來闡釋的教理，就是「三性」說。透過「遍計所執性、依他起性、圓成實性」的探討，可了解到有關認識、存在、悟道等問題。「圓成實性」就是在證明人們的內心處處皆有此一圓融無礙究竟清淨的自性。《解深密經》卷二〈一切法相品〉第四：

云何諸法圓成實相，謂一切法平等真如。於此真如，諸菩薩眾勇猛精進為因緣故，如理作意無倒思惟，為因緣故乃能通達。於此通達漸漸修集，乃至無上正等菩提方證圓

滿。……若諸菩薩如實了知圓成實相，即能如實了知一切清淨相法。（《大正藏》卷十六，六九三上——下）

二、圓成實性的定義

圓成實性　梵語Parimispanna-svab-hāva。又作圓成實相、圓成自性、第一義諦體性。略稱圓成實。唯識宗所立三性之一。指眞如（諸法所依之體性）具有圓滿、成就、眞實等三種性質，即：⑴圓滿，諸法之相僅局限於其自身之法體，不通餘處；相對於此，眞如之妙理則可周遍四處。⑵成就，諸法具有空、無常、無我等共相；而眞如之實體常住，無生滅作用。⑶眞實，諸法之體虛妄不眞；而眞如之性常住遍通。復次，爲解釋圓成實性，又設有二門：⑴常無常門，「常」爲圓成實之名，「無常」則攝於依他起性而不離生滅。⑵漏無漏門，「無漏」爲圓成實之名，「有漏」則攝於依他起性而不離顚倒。

《瑜伽師地論》卷七十三云：云何圓成實自性？謂諸法真如，聖智所行，聖智境界，聖智所緣，乃至能令證得清淨，能令解脫一切相縛及麤重縛，亦令引發一切功德。又云：問：圓成實性，由何故圓成實？答：由一切煩惱衆苦所不雜染故。又由常故。

又云：問：圓成實自性緣何應知？答：緣徧計所執自性，於依他起自性中，畢竟不實，應知。世尊於餘經中，說緣不執著遍計所執自性應知此性者，依得清淨說，不依相說。

這個能使人清淨解脫的自性，也就是禪宗所謂「直指人心見性成佛」的眞如自性。過去物質缺乏的時代，「直指人心」的事物被批判爲自我的沈溺，被認爲是否認外在事物的逃避行爲；而現代坐擁華廈的精神空虛感，使我們渴求心靈的空間。這個一來一往的需求，使我們覺悟到融和的必要——換句話說，往昔我們誤解心靈的追求與物質的經營是兩個截然不同的世界，而使我們自限於或此或彼的選擇。白天目眩於外在繁華的世界，夜晚捫心有愧，處在自省的內心的世界，二者相互矛盾不能調和。

中國有個故事，有個清高的人放棄升官發財的機會，遁入田園，教導子女做個樸實的農夫。有一天，他有錢朋友的兒子乘車造訪，清高人看到自己的兒子在朋友兒子面前手足無措，一付窮措大的樣子，只好立刻搬家，避免朋友再來造訪。這個故事在說明——我們爲了精神生活而固執地否認外在俗世的經營，而陷入單方面觀點的井中。

其實，我們可以開二道窗口，一是欲求之窗，一是自我心靈之窗。我們必須同時去正視二個原本就相融和的世界；我們很樂意看到有錢的老板談論精神的修煉，我們也願意看到有錢的讀書人談經世致用之道；畢竟我們需要的是完整的世界，並不必自限於或此或彼的世界裏。而這個融和垢染、淨穢、貧富、你我、有無等的世界就是圓成實性所顯現出來圓滿無礙的世界。

《辯中邊論》卷中云：此圓成實，總有二種。無為、有為，有差別故。無為總攝真如涅槃，無變異故名圓成實。有為總攝一切聖道，於境無倒故亦名圓成實。

中邊論的立場將圓成實性分爲「有爲與無爲」兩種，而《顯揚聖教論》卷六卻道：問：圓成實自性有幾種？答：圓成實自性於一切處，一味故不可建立差別。

前者是把圓成實性以世俗諦、勝義諦而分有爲與無爲。後者是以中道實相的觀點在看圓成實性，是遍一切處是無所不在的眞如。眞如是遍滿一切法，而無不具足故叫做

「圓」；其體常住不滅，永遠成就故叫做「成」，又爲諸法的眞實體性，非虛妄故，叫做「實」。圓成實性的眞如是眞實如常，言亡慮絕的境界，故又名眞空妙有。這是就有爲、無爲門而說的；若就有漏、無漏門，依他起性的有爲法中的無漏法則叫做圓成實性。二門的關係如下：

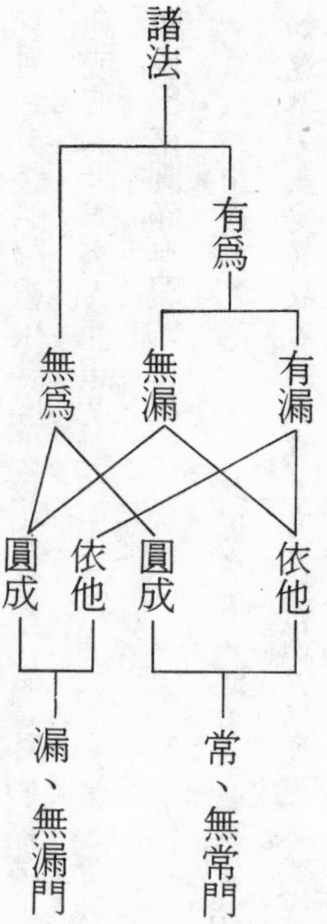

三性中，遍計所執性，雖爲妄情所現的「情有理無」法，但依他起性和圓成實性是無漏智所緣的境界故不得以妄情計議了。因爲這是證智的境界故是「理有情無」法。就中，依他起性是：現象界中一切法的總稱；圓成實性是：其本體的眞如理，因此二性便成了相攝不離的關係。唯識宗將現象界的一切，悉歸於第八阿賴耶識的所變，故依他和圓成的關係，便爲不一不異了，其相互關係詳見後文。

世親的《唯識三十頌》所言的圓成實性，是一種眞如（無爲法）而沒提到「無漏有爲」（淨分依他）；護法在《成唯識論》中提到：無漏有爲法是遠離顚倒、修習無漏智、斷雜染種子、雜染法，於一切事物緣平等眞如。

三・自覺與融和

《唯識三十頌》云：由彼彼遍計，遍計種種物，此遍計所執，自性無所有，依他起自性，分別緣所生，圓成實於彼，常遠離前性，故此與依他，非異非不異，如無常等性，非不見此彼。

唯識三性，遍計所執和依他起性，前章已有提過，今明「圓成實性」的自覺。圓是圓滿離顚倒義，成是成就，實是眞實，性是體性。此圓滿成就眞實二空所顯的眞如法性具有三義：㈠普遍義。㈡常住義。㈢非虛妄義。離此三義，不名圓成實性。又此性怎樣才能顯示出來，在依他起性上遠離前面所言的遍計所執性，此話怎說呢？遍計就是周遍計度，是心理意識上的種種需求，是對自己所認識的對象使他實體化、固定化，並且執愛著它，再加上種種的條件因素，把我們所認知的世界加以絕對化，且遺忘掉因緣所生的事情，而以爲自己所認知的事象是眞實的，認妄爲眞苦惱就無邊了。「依他起性」是因緣所生法，也是由很多種條件，互相連結，互相關聯著，因此並沒有固定的實體的東西存在。雖非實際存在，但有著各式各樣的力量，相互關聯、相互支持著的這種存在，也是由認識而成立。而我們有一清淨本性去認知、去接受、去自覺，這由無數的因緣條件所構成的世間眞相就是圓成實性。因此我們雖稱它爲圓成實性，事實上並沒有什麼特別的另外世界，因爲我們要把這個因緣而生起的世界，當作確實是「依他起性」的世界如此去自覺而已。

黨國元老，于右任先生留著長鬍鬚，有天，他抱著一個小孩，談笑間，小孩摸著他的鬍子問道：『老公公請問您晚上睡覺時，這把長鬍子是放在棉被裏？還是棉被外呢？』

當時，于右任沒有作答，當天晚上他回到家上床之後，不管他把鬍子放在棉被裏或是棉被外，都覺得很不自在，整晚都在思索這個問題而輾轉難眠。

意識到鬍子到底該放在棉被內或棉被外時是一種遍計所執；心有所執著故難以成眠；再深思，「鬍子就是鬍子」，以前也沒特別去注意內外的問題時就睡得很好、很安穩。如今……，鬍子的存在是一種依他起——因緣和合所生，一把剪刀，咔嚓一聲馬上就從有到無；或根本就不管，無視其存在。而這深一層的覺察，順其自然，根本不在意鬍子在內或在外，拋開這一層顧忌，也就安眠如昔，這種境界也就是圓成實性。將現象界的一切依照其自然形態去自覺，然後覺悟到存在的眞相——本來如此而已，一些隱藏在內心深處的善或煩惱，本也無體無形，只因人爲的繫縛執著放不開，所以才心有千千結，一旦放下隨即化煩惱爲菩提，當下就能把煩惱的自己，轉變成清淨的自己。

《解深密經》卷二云：由諸菩薩如實了知遍計所執相、依他起相、圓成實相故。如實了知無相法雜染相法清淨相法。斷滅一切染相法故，證得一切清淨相法。（《大正藏》卷十六，六九三下）

在《論語》裏，孔子說：「君子和而不同，小人同而不和。」此爲對偶的文句。這裏把「和」與「同」明白區別開來。「和」是屬於精神上的，「同」則帶有形式上、物質上的意味。

譬如規定制服，使職員、店員趨於一致是「同」；換言之，所謂「同」，只要訂立規則，立可達成。不過，雖說他們都身穿制服，但是他們的內心並非像衣服的式樣與顏色那樣齊一，有時形式上固然「同」，而心底裏卻各懷鬼胎，這是小人凡夫的做法。

至於謙謙君子，雖然言行上時而會有不一致的地方，可是內心多半全然協同調和。因此，君子「和」而不「同」：意見有所不同，反而可以開誠佈公的互相討論。將若干不同點予以融合，就是「和」。

像三合板那樣，要把數塊不同紋路的木板膠合在一起，才能形成堅固的合板。將不同的能力、性質的人融合起來成為一個團體，就是「和」。像這樣，「同」是易事，「和」則相當困難。

「和」之所以有困難，就是人「自我」的意識很强，不易妥協，若能超越人我主觀意識的範疇，有我空法空的心境，當下即是圓融無礙的廣闊世界。

四·融和萬法的智慧——人空與法空

《成唯識論》卷八說：「二空所顯，圓滿成就諸法實性，名圓成實。」

這裏的二空即人空、法空，係人之本性和物之本質在眞理上的反映。唯識學把它納入意識範疇加以考察，故亦名人無我、法無我。就是說，認識的主體若具足人、法二種無我的特徵則爲最高意識，其對象也就達到人、法二空之絕對眞理的境界。這種把最高意識和絕對眞理統一起來把握的本能，就是所謂的圓滿成就諸法，它來自識的圓成實性的作用。識的這個作用是絕對的，它既不同於遍計所執性之情有理無，也不同於依他起性之如幻假有，而是理有情無之中道實相。

對三性的說明，《攝大乘論》中說了一個很巧妙的譬喻：㈠遍計所執性，譬如我們在路上走路的時候，因闇而誤認繩爲蛇，而起了恐怖的念頭，其實這是「情有理無」。㈡依他起自性，譬如蛇是繩的假有，經仔細一看，原來蛇是繩的錯覺，當然這是「假有實無」。㈢圓成實性，譬如繩的實性是痲，繩不過是痲等衆緣的和合而已。當然這是

「眞有相無」。我們對諸法的迷執恰似如此，迷執於由因緣的和合而假現的依他起性法，以爲實我、實法。更於此迷惑遍計所執的虛妄性，誤認心外眞有實法。一旦證知眞實的體性，就知道色心等萬法，本來只不過是因緣所生的假有，並能洞悉非有非空的中道實相。

在《攝大乘論》的入所知相分，所舉以上有名的蛇、繩、痲的譬喻，再詳加說明如下：

如有人在闇夜中見到一條繩橫在大路上，因爲不知道它是繩，將之誤認爲是蛇，大生恐怖的心理。然若仔細的觀察，原來被認爲是蛇的，其實是一條繩，由於迷執誤認，在意識上顯現似蛇的表相，以爲它是蛇。當知這個誤認爲蛇的，眞可比擬爲遍計所執性。那所執的既是妄相，自然不是現相，現相實在是繩。說到繩的體性原來是痲，繩不過是所現的假相，這可比擬爲依他起性。至於那痲原是繩的實性，所以可比擬爲圓成實性。如是蛇、繩、痲的三者，其體爲一沒有差別，所以三性是不離的，同時亦有不即的關係。《無性攝論釋》擧頌說：「於繩謂蛇智，見繩了義無，證見彼分時，知如蛇智亂」。《攝論》原文說：「如暗中繩顯現似蛇，譬如繩上蛇非眞實，以無有故。若已了知彼義無者，蛇覺雖滅繩覺猶在。若以微細品類分析，此又虛妄，色香味觸爲其相故，此覺爲依繩覺當滅。如是於彼似文似義六相意言，伏除非實六相義時，唯識性覺猶如繩覺亦當除遣，由圓成實自性覺故」。《攝論講記》解釋說：「如在幽闇中的一條繩，人們見了，意識上顯現似蛇的義相，以爲它是蛇。譬如繩上的蛇相，非是眞實的，因爲這裏根本無有蛇在。若使已了知彼繩上的蛇義是無，那誤認爲蛇的錯覺雖滅去沒有了，但繩的覺知還是存在的。這比喻衆生由無明錯覺，遍計所遍計的名言境界以爲是實有的，若觀察到遍計的義無實，以唯識的覺慧，遣除遍計所執性，這實有外義的錯覺雖消滅了，但唯有識的感覺，還是存在的。上面雖知道蛇是虛妄的，可是若再進一步，以微細品類的分析這條繩子，便會發現此繩也是虛妄的，知道它是用色香味觸爲其體相；以此色香味觸的覺知爲依，那繩的知覺當然就跟著消滅。這樣，於彼似文似義所假立的六相意言，雖然用唯識無境的正觀，伏除了非實有的六相的遍計性義。猶如用繩的見解，遣除了蛇覺。但這唯識性覺，如繩覺一樣，也應當除遣，因爲名言相在，還不能親證法界。要怎樣去除遣呢？由圓成實自性的覺慧，才能除遣它。」

有覺慧去消融一切假相所造成的無謂困擾，人們就不會在乎旁人的詆毀。

「人詆毀默坐，詆毀多言，詆毀少語，大凡此世莫不受到詆毀。」——《法句經》

世人眞是傷腦筋，各有不同的立場，各有不同的看法。所謂「一樣米養百樣人」，人心一如其面，各不相同。

「默坐」，有人會感到不悅；「多言」，有人會挑毛病；「少語」，又有人會吹毛求疵，沒有一樣能盡如人意。我們無法凡事爲了遷就別人而改變自己的生活；我們常覺自己跟不上別人。正因爲這樣，所以如果我們凡事都在乎別人的褒貶，生活上便無可適從了。因此若能徹底了知圓成實性，即能和一切萬物融和，對這個世間就能無怨無尤，進而生出無邊的歡喜。

五・三性與萬法之融和

㈠前言

《顯揚聖教論》卷六云：

三自性者：一、遍計所執自性；二、依他起自性；三、圓成實自性。遍計所執自性者，謂依名言假立自性，為欲隨順世間言說故。依他起性者，謂從緣所生法自性。圓成實自性者，謂諸法真如，聖智所行，聖智境界，聖智所緣，為欲證得極清淨故。為令一切相及麤重二縛得解脫故，為欲引發諸功德故。

在「圓成實性的世界」提及「若能徹底了知圓成實性，即能和一切萬物融合」，又以蛇、繩、麻之喻來說明三性的關係。在黑暗中將繩誤認爲蛇是遍計所執性，是依名假立之妄相；定睛看清現相是繩而非蛇，此是依他起性，從緣所生法；仔細辨別繩的體性是麻，那麻原是繩的實性，可比擬爲圓成實性，本自具有之本性。以此說明三性之體爲一而無差別，有不即不離的關係。

㈡不一不異

不一不異——並不是一體也不是別體。說起「依他起性」和「圓成實性」的最大差別在於對自己的實態你能看到或是看不到這個差別上。可是「圓成實性」所看到的是什麼呢？因爲他所看到的只是「依他起性」的形態，以外什麼也沒看見，所以，圓成實性是如實照見依他起的緣生法是連絲毫的差別都沒有。

對自己感到迷惘，就是「遍計所執性」，對自己能夠了解，去體會爲什麼會迷惘，這就是「圓成實性」。自己能夠眞正自覺的到底是什麼呢？只有對「依他起性」的自己，才能眞正的去自覺。

眼睛是沒有辦法看到眼睛的，對於將自己包圍在一個範圍裏，並非用這個範圍裡的眼睛就能去了解自己的；要了解這個範圍裡的事情，你一定要超越，要站在這範圍以外的領域，才有辦法去了解。你要了解「依他起性」的實態，就一定要超越「依他起性」才行，也就是說，你要站在「圓成實性」的立場，才能看清「依他起性」，這是對於自己能夠覺醒的一種構造，有了這種構造，才能進入轉識成智的過程，這種過程亦即轉第八識爲大圓鏡智，詳情見前文。

我們幾乎都是秉持著「依他起性」而存在著。在這個「依他起性」上有妄想，或由心識所描寫的虛像產生，我們很難離開這種現實的狀況，明知很難脫離現實環境又一心想超越，這是因爲有「圓成實性」的證見。我們離不開「依他起性」而又跟「圓成實性」相遇，由於能夠跟「圓成實性」相遇，反過來「依他起性」又能遭遇到「依他起性」而使「依他起性」明朗化，「依他起性」會恢復到原來的「依他起性」。

這種自己能轉換自己的構造（從染分的依他轉成淨分的依他請參照第九章〈依他起性的特質〉一文）。在「三性」說裡，這是相當重要的事情。因迷惘而凡夫，因一念覺而悟道。「依他起性」會放棄「依他起性」又能成爲「依他起性」。猶如禪宗所謂的第一層次——看山是山（執萬物爲實相是迷）第二層次——看山不是山（知萬象爲因緣所生法）；第三層次——看山是山，看水是水（悟眞如自性，諸法實相本自圓成）。

以此喻三性可知其不一不異之關係，好比人一生的成長，小學三年級的你懵懂無知、不解世事（遍計所執）；大學時代的你，關心時事卻又未必洞燭世情，易爲他人煽動而情緒不定（依他起），到了晚年，終於認淸世事如幻，念佛修道是眞常（圓成實）的圓熟階段。十歲的你和六十歲的你是「一」嗎？非也！是「異」？亦非也！

若能了知三性不即不離不一不異之奧義，對世間事的看法就會有獨特的見解與處世妙方了。

名教育家梅貽琦一向沈默寡言，而且談話和演講很少用肯定的辭句。他擔任清華大學校長多年，調皮的學生乃集他的口頭語，作成了一首打油詩：

大概或許也許是，

不過我們不敢說；

可是學校總以為，

恐怕彷彿不見得。

表面上看來，梅貽琦似乎處事猶豫不決，優柔寡斷，事實上正好相反，他辦事往往當機立斷，非但擇善固執而且堅定不移。他不用肯定辭句，正顯現他對事情的深思熟慮，可知他已了知遍計所執的妄相和依他起的緣生法。下面有一則實例。

民國二十四年前後，中共已經滲透到清華大學，於是盛傳政府要派人到校逮捕親共份子。身為校長的梅貽琦，立刻召集馮芝生、金岳霖、葉企孫、顧一樵等學校的院長們共商因應之策。

院長們先後發言，經過了十幾分鐘，梅貽琦始終不發一言。又經過十幾分鐘，梅貽琦還是沒說話。馮芝生忍不住說：「梅先生，你的意見是什麼?你想，我們現在該怎麼辦才好呢?」梅貽琦小聲說：「我正在想。」天性幽默的金岳霖接著說：「梅先生，你可不可以一面想，一面發出想的聲音來呢?」梅貽琦幽默的回答：「要是發出聲音來，我或許就想得更慢了。」全場哄堂大笑。不久，梅貽琦就集合大家的意見，想出了一個妥當的對策。還有一件趣事，當梅貽琦擔任教育部長時，劉眞擔任教育廳長。有一天，兩人一起到立法院接受教育委員會的質詢。有些委員措詞激烈，砲轟梅貽琦；他則始終面帶微笑，簡單地回答。散會後，梅貽琦對劉眞說：「他們質詢得再厲害，我也不在乎。」劉眞問：「爲什麼呢?」梅貽琦說：「他們不敢打倒我，因爲我姓梅，一旦打倒我，他們不就會倒楣（梅）了嗎?」

了知三性法，平凡之中自有不平凡，任何時空皆能安然度過。過錯、失敗往往是成就事業、人生的動力。因爲，我們不可能擁有完美無缺的生命，無心犯下的過錯與失敗（遍計所執），時時會來叩我們的心門，提醒我們。

應該用什麼態度面對自我的失敗呢?勇敢地面對現實,再加以檢討反省,然後改過自新,是衆所皆知的道理。事實上,也許因爲太在意過錯的失敗重演,反而使自己更惶恐慌亂,因此重蹈覆轍也就不足爲奇了。

如果失敗了,不往牛角尖鑽,不礙於面子,用心靈和誠實去認淸失敗的原因,不就能改過遷善了嗎?經過磨難淬礪、心靈煎熬的人,對自我的眞實價値,自有一番刻骨銘心的體會。經霜降的柑橘越甘甜,亦即透徹了知緣生則聚緣散則滅的因緣法則(依他起性)自己就不會永遠深陷在懊悔頹喪的深淵中;越冷越開花,因爲還有一個淸淨的眞如自性等著我們,生命還會有第二個春天,世界會再大放光明。

失敗是非常重要的時刻,因爲他是重新體現自我眞實價値的最好時機!故云:煩惱即是菩提。在人生道上要想有所創造,有所貢獻,非憑人品俊秀,亦非憑學歷或口才,是咬緊牙關忍受磨練的那份意志,那種精神力;若沒有經過這個過程,所有的成就皆是浮誇而不踏實。

(三)三性與本性

俗云：江山易改，本性難移；這是以反面的說法來比喻人一旦染上惡習即很難改正之意。事實上，佛門所言：「本性」，是一種如如不動的自性，很難用語言文字去形容或表達。譬如問：「何謂電風扇？」答：「通以電流，葉片轉動，鼓動空氣而成風，即是電風扇。」若謂語言文字可表達，則當我們口說電風或手寫電風時，應該就有風吹來，但事實上縱然我們說得口乾舌燥，或寫到筋疲力盡也不解電風扇爲何物，只有以實際行動，站到電風扇前，按開關，直接去領受電能搧風的滋味。所以古德云：「言語道斷，心行處滅。」

此即是說我們口所講之言語，手所寫之文字，或心所思維之影像，皆與「本性」相距甚遠。所謂：「如人飲水，冷暖自知！」所以《傳心法要》云：

「……此靈覺性，無始以來，與虛空同壽，未曾生、未曾滅、未曾有、未曾無、未曾穢、未曾淨、未曾喧、未曾寂、未曾少、未曾小、未曾老；無方所、無內外、無數量、無形相、無色相、無音聲；不可覓、不可求、不可以智慧識、不可以言語取、不可以境物會、不可以功用到。諸佛菩薩與一切蠢動含靈同此大涅槃性……。」

此大涅槃性，是吾人清淨的本性，是佛性，凡有情眾生皆有此性，故云，諸佛菩薩與一切蠢動含靈皆同，動物也和人一樣有得度因緣。

在清朝順治年間，浙江杭州有一庵堂，住有僧尼數人，住持靜然師父爲人慈悲又勤於修行，早晚誦經禮佛從未間斷。有天清晨，正準備做早課時，忽聞吱！吱！之聲，舉目望，才發現橫樑上頭有一老鼠正往下俯視著，師柔聲說：「你爬得比佛像還高，這樣是不禮貌的，趕緊下來，若要聽經就到我旁邊來……」，鼠一溜煙地跑掉了。此後，一到早課時間，牠就伏臥在門邊聽，漸漸地就進到門內，伏在師父腳下聽，到後來，竟在供桌上聽課誦，態度安祥虔誠。靜然師父對著牠說：「你也知道要聽經，有善根，很難得，聽經聞法有很多功德，能消災增福，可回向往生西方……」，老鼠聽後低叫幾聲後，緩緩離去，從此每聞木樵聲即悄然而來。就這樣過了一年，有天早課後，鼠久久向佛像恭恭敬敬地頂禮膜拜之後，又回身向師父拜了三拜之後，便寂然不動。徒眾們圍上去細看，靜然師父說：「阿彌陀佛！牠已往生了，大家一起來念佛助牠往生吧！」頃刻間，莊嚴的佛號聲，南無阿彌陀佛！南無阿彌陀佛，充滿了整個殿堂。幾天後，鼠身越來越堅硬，沒有臭味反而散發出陣陣栴檀香味。徒問師：往生需具足信願行三資糧，鼠也有嗎？師答：若無信行，牠不會毫無間斷，準時地知道要來聽經；若無願力求往生，牠如何能預知時至前來謝佛謝師；牠確實有修行，我們應爲其入殮。於是爲其訂一小木龕，且造一座塔碑書記此事。後人詩云：

眾生佛性一般同，
鼠靈聽經積善功。
從此脫離畜道去，
浮圖一座永褒崇。

會得鼠身只因其前世對人事物過於執著（遍計所執），放不下而造業所致，今世有緣住庵堂中聽聞佛經，往生時有師父爲其誦念相助，也是其生前造善業廣結善緣（淨分的依他起性）所致，因有善業清淨自性得以彰顯（圓成實性顯現）才得以鼠身現往生瑞相。

因而我們所謂的清淨自性、圓成實性、佛性眞如，是無所不在，是遍一切處和三性不即不離；是存在日用平常之中，所謂「行住坐臥時，穿衣吃飯時，迎賓送客時，搬柴運水時，待人接物時……」二六時中，存養心中，優遊涵詠，不使間斷。三性與萬法融成一片，本心與自性銷歸一處，如此觀照，精進用功，便能使無明煩惱漸減漸薄；遇境逢緣時，觀照一切有爲法唯識所變現，如夢幻泡影，即生遣執破我之能源，增長般若正智之功。學佛爲的是了見自性，欲明自性，非案牘勞形所能見之；在日常作務待人處世上自有消息，此種修行最親切也毫不費事，能得大受用，所謂諸法以和爲貴，願共勉之！

本書主要參考書目

壹、經論部份

一、《解深密經》《大正藏》第十六卷
二、《華嚴經》《大正藏》第十卷
三、《大寶積經》《大正藏》第十一卷
四、《金剛三昧經》《大正藏》第九卷
五、《維摩詰所說經》《大正藏》第十四卷
六、《阿毘達磨俱舍論》《大正藏》第二十九卷
七、《阿毘達磨俱舍論記》《大正藏》第四十一卷
八、《瑜伽師地論》《大正藏》第三十卷
九、《成唯識論》《大正藏》第三十一卷

十、《唯識三十論頌》　《大正藏》第三十一卷
十一、《顯揚聖教論》　《大正藏》第三十一卷
十二、《攝《大乘論釋》　《大正藏》第三十一卷
十三、《大乘起信論》　《大正藏》第三十二卷
十四、《辨中邊論》　《大正藏》第三十一卷
十五、《大乘五蘊論》　《大正藏》第三十一卷

貳、現代著述部份

一、《法相唯識學》　太虛大師全書第六篇
二、《唯識學探源》　印順法師著
三、《成唯識論講記》　演培法師著
四、《唯識史觀及其哲學》　法舫法師著
五、《星雲大師講演集》㈡㈢　星雲大師講述

六、《菩提心影》 慈航法師講述
七、《唯識學研究》 深甫正文著
八、《唯識三十頌要講》 太田久紀著
九、《中觀與唯識》 長尾雅人著
十、《佛教和心的問題》 平川彰著
十一、《唯識思想入門》 橫山紘一著
十二、《唯識哲學的研究》 鈴木宗忠著
十三、《佛教的無和有之間的對論》 山口益著
十四、《唯識論大綱》 黑川乾堂著
十五、《唯識哲學》 吳汝鈞著
十六、《一個心理學家的筆記》 余德慧著

星雲大師著作系列

觀世音菩薩普門品講話	無聲息的歌唱	玉琳國師
本書以流暢的文字及譬喻，闡述觀世音菩薩無盡的悲心和誓願，衆生稱念的方法和靈感事蹟，擁有此書，猶如擁有免難消災的寶筏，爲不可多得的法寶。	本書收集了星雲大師的二十篇「物語」，把佛教裏二十種常見的法物器具，用散文的體裁和各物自述的方式，詳細道出佛教各種法物的常識。	本書以小說筆觸記敘玉琳國師一生事蹟，展現出佛教僧人不同風格的造型，內容生動，情文並茂，將僧侶的修道心性如如示現，將佛子的求法心路歷歷鋪陳，法味雋永。
定價150元	定價100元	定價130元

書名	內容	定價
怎樣做個佛光人	讀者可從本書了解佛光山的宗旨、目標、道風、守則等，對佛光山有更深切的認識。	定價50元
釋迦牟尼佛傳	佛陀是三界的導師，四生的慈父，從佛陀之言行，可知佛教的道範。本書係星雲大師以虔敬、莊嚴的心，寫佛陀歷劫成道的過程，引導讀者深深思維佛陀的言教，邁向光明解脫的世界。	定價180元
十大弟子傳	佛陀應化娑婆世界時，有常隨弟子舍利弗、目犍連等十位尊者，各有所長，號稱「十大弟子」。本書深刻的描繪十大弟子護法衛教的操守、高風道誼及悲心弘願，學佛者可以此做爲龜鑑，希聖希賢。	定價150元

八大人覺經十講

本經義理明晰，文字允正，係後漢譯經大家安世高所譯，由星雲大師將之歸納整理，闢成十講，旁徵博引，能讓您一目了知佛法大義，是建立人生佛教、在家學佛的寶典。

定價120元

海天遊蹤

本書是星雲大師於巡禮東南亞、泰國、印度、馬來西亞、新加坡、菲律賓、日本、香港等地後，寫下的見聞所感，內容詳述諸國的風土人情、佛教概況，及作者的諸多感懷建議。

定價200元

覺世論叢

本書共收錄六十篇短文，是星雲大師歷年來發表於《人生雜誌》、《今日佛教》、《覺世》上的評論文章，鞭辟入裏，深入淺出。

定價100元

星雲大師講演集㈠—㈣

佛法在世間，不離世間覺，星雲大師講演集告訴您如何生活佛教化、佛教生活化。本書集星雲大師歷年來講演之菁華、從淨土到禪，從空到有，從現實到理想，從入世到出世，從缺陷到圓滿……的來回路上，皆作明確的開示，每一集都帶給人無盡的深思。

每册定價150元

星雲禪話㈠—㈣

本書廣蒐古今禪門公案、詩偈典故，展現禪者風趣灑脫、任性逍遙的風姿，讓您一窺世智辯聰之外的本來面目，擁三千世界於當下。

每册定價150元

星雲說偈㈠—㈡

若人受持四句偈，勝於布施恆河沙瓔珞珍寶……一一妙偈皆演說生命的眞諦，在疲於案牘勞形之時，展開這本說偈，將是洗塵換心的最佳法音。

每册定價150元

・雪梨南天講堂　I.B.A.A.
22 Cowper St., Parramatta, N.S.W. 2105, Australia
☎61(2)8939390　FAX：61(2)8939340

・布里斯本中天寺　I.B.A.Q.
1034 Underwood Rd. Priestdale, Queensland 4127, Australia
☎61(7)38413511　FAX：61(7)38413522

・墨爾本講堂　I.B.C.V.
6 Avoca St. Yarraville, Vic. 3013, Australia
☎61(3)93145147・93146277　FAX：61(3)93142006

・西澳講堂　I.B.A.W.A.
①282 Guildford Rd. Maylands, W.A. 6501 Australia
②P.O. Box 216 Maylands, W.A. 6051 Australia(郵遞處)
☎61(9)3710048　FAX：61(9)3710047

・紐西蘭北島禪淨中心　T.I.B.A.
197 Whitford Rd., Howick, Auckland, New Zealand
☎64(9)5375558　FAX：64(9)5347734

・紐西蘭南島佛光講堂　I.B.A.
566 Cashel St., Christchurch, New Zealand
☎64(3)3890343　FAX：64(3)3810451

⊙南非地區(SOUTH AFRICA)

・南非南華寺　I.B.P.S South Africa
11 Fo Kuang Road Bronkhorstspruit 1020 R.S.A.
P.O.Box 741 Bronkhorst spruit 1020 R.S.A.(郵遞處)
☎27(1212)310009　FAX：27(1212)310013

⊙亞洲地區(ASIS)

・日本東京別院　〒173日本國東京都板橋區熊野町35–3號
☎(813)59669027　FAX：(813)59669039

・香港佛香講堂　香港九龍窩打老道84號冠華園二樓B座☎(852)07157933
1／F, B Cambridge Court, 84, Waterloo Rd. Kowloon, Hong Kong

・澳門禪淨中心　澳門文第士街31–33號　豪景花園3F C座
☎(853)527693　FAX：(853)527687

・馬來西亞南方寺　Nam Fang Buddhist Missionary
138–B Persiaran Raja Muda Musa, 41100 Klang, Selangor Darul Ehsan, Malaysia ☎60(3)3315407　FAX：60(3)3318198

・馬來西亞佛光文教中心　2, Jalan SS3／33, Taman University,
47300 Petaling Jaya, Selangor Darul Ehsan Malaysia
☎60(3)7776533　FAX：60(3)7776525

・馬來西亞清蓮堂　Ching Lien Tong
2 Jalan 2／27 46000 Petaling Jaya, Selangor, Darul Ehsan, Malaysia
☎60(3)7921376

・檳城普門講堂　5.4–3, Block 5, Greenlane Heights, Jalan Gangsa,
11600 Penang, Malaysia
☎60(4)6560558　FAX：60(4)6560559

・佛光佛教文物中心　FO KUANG BUDDHIST CULTURAL CENTER
634 Nueva Street Binondo Manila, Philippines
☎(632)2415797　FAX：(632)2424957

- 紐約道場　I.B.P.S. New York
  154–37 Barclay Ave., Flushing, New York 11355–1109, U.S.A.
  ☎1(718)9398318　FAX：1(718)9394277
- 佛州禪淨中心　I.B.P.S. Florida
  127 Broadway Ave., Kissimmee, FL. 34741, U.S.A.
  ☎1(407)8468887　FAX：1(407)8705566
- 達拉斯講堂　I.B.P.S. Dallas
  1111 International Parkway Richardson, TX. 75081, U.S.A.
  ☎1(214)9070588　FAX：1(214)9071307
- 夏威夷禪淨中心　Hawaii Buddhist Cultural Society
  6679 Hawaii Kai Drive, Honolulu, HI. 96825, U.S.A.
  ☎1(808)3954726　FAX：1(808)3969117
- 關島禪淨中心　Guam Buddhist Cultural Society
  125 Mil Flores Ln., Latte Heights, Mangilao 96913, Guam
  ☎1(617)6322423　FAX：1(671)6374109

⊙加拿大地區(CANADA)

- 多倫多禪淨中心　I.B.P.S. Toronto
  3 Oakhurst Drive, North York, Toronto, M2K 2N2 Canada
  ☎1(416)7301666　FAX：1(416)5128800
- 溫哥華講堂　I.B.P.S. Vancouver
  #6680–8181 Cambie Rd. Richmond. B.C.V6X1J8
  Vancouver, Canada ☎1(604)2730369　FAX：1(604)2730256

⊙巴西地區(BRAZIL)

- 如來寺　I.B.P.S. Do Brasil
  Estrada Municipal Fernandno Nobre, 1461 Cep. 06700–000 Cotia,
  Sao Paulo, Brasil ☎55(11)4923866　FAX：55(11)4925230

⊙歐洲地區(EUROPE)

- 倫敦佛光寺　I.B.P.S. London
  84 Margaret St., London W1N 7HD, United Kingdom
  ☎44(171)6368394　FAX：44(171)5806220
- 曼徹斯特禪淨中心　I.B.P.S. Manchster
  1st F1, 106–108 Portland St.
  Manchester MI 4JR United Kingdom
  ☎44(161)2360494　FAX：44(161)2362429
- 巴黎佛光寺　I.B.P.S. Paris
  105 Boulevard De Stalingrad 94400 Vitry Sur Seine, France
  ☎33(1)46719980　FAX：33(1)46720001
- 柏林佛光講堂　I.B.P.S. Berlin
  Wittestr. 69, 13509 Berlin, Germany
  ☎49(30)4137621　FAX：49(30)4138723
- 瑞典禪淨中心　Valhallavagen 55, 1TR. 114 22 Stockholm, SWEDEN
  ☎(46)86127481

⊙紐澳地區(AUSTRALIA&NEW ZEALAND)

- 南天寺(雪梨)　Berkeley Rd. Berkeley N.S.W. 2506 Australia
  P.O.Box 92
  ☎61–42–720600　FAX：61–42–720601

⊙桃園地區

・桃園講堂　桃園市中正路720號10樓　☎(03)3557777

⊙新竹地區

・法寶寺　新竹市民族路241巷1號　☎(035)328671

⊙苗栗地區

・苗栗講堂　苗栗市建功里成功路15號5樓　☎(037)327401
・明崇寺　苗栗縣頭屋鄉明德村18鄰82之1號　☎(037)252278
・頭份禪淨中心　苗栗縣頭份鎮自強路75號11樓　☎(037)680337

⊙臺中地區

・東海道場　臺中市工業區一路2巷3號13、14樓　☎(04)3597871～4
・豐原禪淨中心　臺中縣豐原市中山路510巷15號8樓　☎(04)5284385

⊙彰化地區

・福山寺　彰化市福山里福山街348號　☎(04)7322571
・彰化講堂　彰化市彰安里民族路209號8樓　☎(04)7264693
・員林講堂　彰化縣員林鎮南昌路75號3樓　☎(04)8320648

⊙雲林地區

・北港禪淨中心　雲林縣北港鎮文化路42號9樓之3　☎(05)7823771～2

⊙嘉義地區

・圓福寺　嘉義市圓福街37號　☎(05)2769675

⊙臺南地區

・臺南講堂　臺南縣永康市中華路425號13樓　☎(06)2017599
・福國寺　臺南市安和路四段538巷81號　☎(06)2569344
・慧慈寺　臺南縣善化鎮文昌路65之6號　☎(06)5816440
・永康禪淨中心　臺南縣永康市崑山村崑山街193號7樓之1　☎(06)2718992

⊙高雄地區

・普賢寺　高雄市前金區七賢二路426號10樓　☎(07)2515558
・壽山寺　高雄市鼓山區鼓山一路53巷109號　☎(07)5515794
・小港講堂　高雄市小港區永順街47號12樓　☎(07)8035181

⊙花東地區

・花蓮月光寺　花蓮縣吉安鄉吉安村吉昌二街26號　☎(038)536023
・臺東日光寺　臺東市蘭州街58巷25號　☎(089)225756

⊙澎湖地區

・海天佛剎　澎湖縣馬公市東衛里171號　☎(06)9212888

⊙美國地區(U.S.A.)

・西來寺　International Buddhist Progress Society
3456 S. Glenmark Drive, Hacienda Heights, CA. 91745, U.S.A.
☎1(818)9619697　FAX：1(818)3691944

・西方寺　San Diego Buddhist Association
4536 Park Blvd., San Diego, CA.92116, U.S.A.
☎1(619)2982800　FAX：1(619)2984205

・三寶寺　American Buddhist Cultural Society
1750 Van Ness Ave.,
San Francisco, CA. 94109 U.S.A.
☎1(415)7766538　FAX：1(415)7766954

流 通 處

⊙佛光文化事業有限公司　Fokuang Cultural Enterprise Co., Ltd.

・聯絡地址

中華民國臺灣省臺北市信義區松隆路327號8樓

8F, 327, Sung Lung Rd., Taipei, Taiwan, R.O.C.

TEL：886-2-27693250　FAX：886-2-27617901

E-mail Address：FOKUANG @ Ms16. hinet.net

佛光文化網址：http://WWW. fks. org. tw/culture/fkpublish/

・高雄辦事處

中華民國臺灣省高雄縣大樹鄉佛光山寺

FoKuangShan, Ta Shu, Kaohsiung, Taiwan, R.O.C.

TEL：886-7-6564038～9　FAX：886-7-6563605

劃撥帳號：18889448號　帳戶：佛光文化事業有限公司

⊙佛光書局

・臺北佛光書局：臺北市忠孝西路一段72號9樓14室　☎(02)23144659
　臺北市汀州路三段188號2樓之4　☎(02)23651826
　臺北市信義區松隆路327號8樓　☎(02)27693250

・高雄佛光書局：高雄市前金區七賢二路賢中街27號　☎(07)2728649

・員林佛光書局：彰化縣員林鎮南昌路79號　☎(04)8320648

・美國佛光書局：American Buddhist Cultural Society
　1750 Van Ness Ave., San Francisco, CA. 94109, U.S.A.
　☎(415)7766538　傳眞(415)7766954

・加拿大佛光書局：6680-8181 Cambie Rd, Riohmond, BC Vancouver
　☎(604)2730256

・香港佛光書局：香港九龍窩打老道八四號冠華園二樓Ｂ座　☎(852)27157933

⊙臺北地區

・臺北道場	臺北市信義區松隆路327號14樓	☎(02)27620112
・普門寺	臺北市民權東路三段136號11樓	☎(02)27121177
・北海道場	臺北縣石門鄉內石門靈山路106號	☎(02)26382511
・板橋講堂	臺北縣板橋市四川路二段16巷8號4樓	☎(02)29648000
・安國寺	臺北市北投區復興三路101巷10號	☎(02)28914019
・永和禪淨中心	臺北縣永和市中正路620號9樓	☎(02)29232330
・新莊禪淨中心	臺北縣新莊市永寧街1巷2號	☎(02)29989011
・泰山禪淨中心	臺北縣泰山鄉泰林路美寧街57巷35弄1號5樓	☎(02)22961729
・內湖禪淨中心	臺北市內湖區成功路二段312巷76號	☎(02)27953471～2
・三重禪淨中心	臺北縣三重市三和路四段111之32號4樓	☎(02)22875624

⊙宜蘭地區

・雷音寺	宜蘭市中山路257號	☎(039)322465
・圓明寺	宜蘭縣礁溪鄉二結村65號	☎(039)284312
・仁愛之家	宜蘭縣礁溪鄉龍潭村龍泉路31號	☎(039)283880

⊙基隆地區

・極樂寺	基隆市信二路270號	☎(02)24231141～8

03016	金剛般若波羅蜜經(國語)	100
03017	佛說阿彌陀經(國語)	100
03018	彌陀聖號(國語)四字佛號(心定法師敬誦)	100
03019	南無阿彌陀佛聖號(國語)六字佛號(心定法師敬誦)	100
03020	觀世音菩薩聖號(海潮音)	100
03021	六字大明頌(國語)	100
	廣播劇錄音帶	**定價**
03800	禪的妙用㈠(臺語)	100
03801	禪的妙用㈡(臺語)	100
03802	禪的妙用㈢(臺語)	100
03803	禪的妙用㈣(臺語)	100
03804	童話集㈠	100
03805	兒童的百喻經	1200
	梵樂錄音帶	**定價**
03400	佛教聖歌曲(國語)	100
03401	回歸佛陀的時代弘法大會	100
03402	三寶頌(合唱)	100
03403	梵唄音樂弘法大會(上)(國語)	100
03404	梵唄音樂弘法大會(下)(國語)	100
03405	爐香讚	100
03406	美滿姻緣	100

03407	大慈大悲大願力		100
03408	慈佑衆生		100
03409	佛光山之歌		100
03410	三寶頌(獨唱)		100
03411	浴佛偈		100
03412	梵樂集㈠電子琴合成篇		200
03413	聖歌偈語		100
03414	梵音海潮音		200
03415	禪語空人心(兒童唱)		200
03416	禪語空人心(成人唱)		200
03417	禮讚十方佛		100
	梵樂CD		**定價**
04400	浴佛偈CD		300
	弘法錄影帶	**著者**	**定價**
05000	㈠金剛經的般若生活(大帶)	星雲大師講	300
05001	㈡金剛經的價值觀(大帶)	星雲大師講	300
05002	㈢金剛經的四句偈(大帶)	星雲大師講	300
05003	㈣金剛經的發心與修持(大帶)	星雲大師講	300
05004	㈤金剛經的無住生心(大帶)	星雲大師講	300
05005	禮讚十方佛	叢林學院	300
05006	佛光山開山三十週年紀錄影片	王童執導	2卷1500

佛光有聲叢書目錄

編號	星雲大師佛學講座有聲叢書	定價
00001	觀音法門(國、臺語)	100
00003	般若波羅蜜多心經(國語)	16卷 800
00004	金剛般若波羅蜜經義解(國、臺語)	26卷 1300
00005	六祖壇經1－6卷(國、臺語)	300
00006	六祖壇經7－12卷(國、臺語)	300
00007	六祖壇經13－18卷(國、臺語)	300
00008	六祖壇經19－24卷(國、臺語)	300
00009	六祖壇經25－30卷(國、臺語)	300
00010	星雲禪話1－6卷(國語)	300
00011	星雲禪話7－12卷(國語)	300
00012	星雲禪話13－18卷(國語)	300
00013	星雲禪話19－24卷(國語)	300
00014	星雲禪話25－30卷(國語)	300
00015	星雲禪話31－36卷(國語)	300
00016	金剛經的般若生活(國、臺語)	100
00017	金剛經的四句偈(國、臺語)	100
00018	金剛經的價值觀(國、臺語)	100
00019	金剛經的發心與修持(國、臺語)	100
00020	金剛經的無住生心(國、臺語)	100
00040	淨化心靈之道(國、臺語)	100
00041	偉大的佛陀(一)(國、臺語)	100
00042	偉大的佛陀(二)(國、臺語)	100
00043	偉大的佛陀(三)(國、臺語)	100
00044	佛教的致富之道(國、臺語)	100
00045	佛教的人我之道(國、臺語)	100
00046	佛教的福壽之道(國、臺語)	100
00047	維摩其人及不思可議(國、臺語)	100
00048	菩薩的病和聖者的心(國、臺語)	100
00049	天女散花與香積佛飯(國、臺語)	100
00050	不二法門的座談會(國、臺語)	100
00051	人間淨土的內容(國、臺語)	100
00052	禪淨律三修法門(禪修法門)(國、臺語)	100
00053	禪淨律三修法門(淨修法門)(國、臺語)	100
00054	禪淨律三修法門(律修法門)(國、臺語)	100
00055	廿一世紀的訊息(國、臺語)	100
00057	佛教的眞理是什麼(國、臺語)	100
00058	法華經大意(國、臺語)	6卷 300
00059	八大人覺經(國、臺語)	100
00060	四十二章經(國、臺語)	100
00061	佛遺教經(國、臺語)	100
00062	八大人覺經十講(國語)	一書四卡 350
00063	心甘情願(國語)	6卷 450
00064	佛門親屬談(國、臺語)	100

編號	心定法師主講	定價
01014	佛教的神通與靈異(國語)	6卷 450
01015	談業力(臺語)	100
01019	人生與業力(臺語)	200
01021	如何照見五蘊皆空(國、臺語)	200

編號	慈惠法師主講	定價
01000	佛經概說(臺語)	6卷 450
01006	佛教入門(國、臺語)	200
01011	人生行旅道如何(臺語)	200
01012	人生所負重多少(臺語)	200
01016	我與他(臺語)	200

編號	依空法師主講	定價
01001	法華經的經題與譯者(臺語)	200
01002	法華經的譬喻與教理(臺語)	200
01003	法華經的開宗立派(臺語)	200
01004	法華經普門品與觀世音信仰(臺語)	200
01005	法華經的實踐與感應(臺語)	200
01007	禪在中國(一)(國語)	200
01008	禪在中國(二)(國語)	200
01009	禪在中國(三)(國語)	200
01010	普賢十大願(臺語)	450
01013	幸福人生之道(國、臺語)	200
01017	空慧自在(國語)	6卷 500
01020	尋找智慧的活水(國、臺語)	200
01029	如何過淨行品的一天(國語)	100

編號	依昱法師主講	定價
01018	楞嚴經大義(國語)	6卷 500

編號	其他	定價
01022	如何過無悔的天：廖輝英(國語)	100
01023	如何過如意的一天：鄭石岩(國語)	100
01024	如何過自在圓滿的一天：林谷芳(國語)	100
01025	如何過看似無味的一天：吳念眞(國語)	100
01026	如何過法喜充滿的一天：蕭武桐(國語)	100
01207	如何過有禪意的一天：游乾桂(國語)	100
01208	如何過光明的一天：林清玄(國語)	100

編號	CD-ROM	定價
02000	佛光大辭典光碟版	600

編號	梵唄錄音帶	定價
03000	佛光山梵唄(國語)	500
03001	早課普佛(國語)	100
03002	佛說阿彌陀經(國語)	100
03003	觀世音菩薩普門品(國語)	100
03004	彌陀普佛(國語)	100
03005	藥師普佛(國語)	100
03006	上佛供(國語)	100
03007	自由念佛號(國語)	100
03008	七音佛號(國語)	100
03009	懺悔文(國語)	100
03010	觀世音菩薩普門品(臺語)	100
03011	七音佛號(臺語)	100
03012	觀世音菩薩聖號(國語)(心定法師敬誦)	100
03013	六字大明咒(國語)(心定法師敬誦)	100
03014	大悲咒(梵文)(心定法師敬誦)	100
03015	大悲咒(國語)(心定法師敬誦)	100

8303	利器之輪──修心法要	法護大師著	160
8350	絲路上的梵歌	梁 丹 丰著	170
8400	海天遊蹤	星雲大師著	200
8500	禪話禪畫	星雲大師著	750
8550	諦聽	王靜蓉等著	160
	童話漫畫叢書	著者	定價
8601	童話書(第一輯)	釋 宗 融編	700
8602	童話書(第二輯)	釋 宗 融編	850
8611	童話畫(第一輯)	釋 心 寂編	350
8612	童話畫(第二輯)	釋 心 寂編	350
8621-01	窮人逃債‧阿凡和黃鼠狼	潘人木改寫	220
8621-02	半個銅錢‧水中撈月	洪志明改寫	220
8621-03	王大寶買東西‧不簡單先生	管家琪改寫	220
8621-04	睡半張床的人‧陶器師傅	洪志明改寫	220
8621-05	多多的羊‧只要蓋三樓	黃淑萍改寫	220
8621-06	甘蔗汁澆甘蔗‧好味道變苦味道	謝武彰改寫	220
8621-07	兩兄弟‧大呆吹牛	管家琪改寫	220
8621-08	遇鬼記‧好吃的梨	洪志明改寫	220
8621-09	阿威和強盜‧花鴿子與灰鴿子	黃淑萍改寫	220
8621-10	誰是大笨蛋‧小猴子認爸爸	方素珍改寫	220
8621-11	偷牛的人‧猴子扔豆子	林 良改寫	220
8621-12	只要吃半個‧小黃狗種饅頭	方素珍改寫	220
8621-13	大西瓜‧阿土伯種麥	陳木城改寫	220
8621-14	半夜鬼推鬼‧小白和小烏龜	謝武彰改寫	220
8621-15	蔡寶不洗澡‧阿土和駱駝	王金選改寫	220
8621-16	看門的人‧砍樹摘果子	潘人木改寫	220
8621-17	愚人擠驢奶‧顚三和倒四	馬景賢改寫	220
8621-18	分大餅‧最寶貴的東西	杜榮琛改寫	220
8621-19	黑馬變白馬‧銀鉢在哪裏	釋慧慶改寫	220
8621-20	樂昏了頭‧沒腦袋的阿福	周慧珠改寫	220
8700	佛教童話集(第一集)	張 慈 蓮輯	120
8701	佛教童話集(第二集)	張 慈 蓮輯	120
8702	佛教故事大全(上)	釋慈莊等著	250
8703	化生王子(童話)	釋 宗 融著	150
8704	佛教故事大全(下)	釋慈莊等著	250
8800	佛陀的一生(漫畫)	TAKAHASHI著	120
8801	大願地藏王菩薩畫傳(漫畫)	許 貿 淞繪	300
8802	菩提達磨(漫畫)	本 社譯	100
8803	極樂與地獄(漫畫)	釋 心 寂繪	180
8804	王舍城的故事(漫畫)	釋 心 寂繪	250
8805	僧伽的光輝(漫畫)	黃耀傑等繪	150
8806	南海觀音大士(漫畫)	許 貿 淞繪	300

8807	玉琳國師(漫畫)	劉素珍等繪	200
8808	七譬喩(漫畫)	黃 麗 娟繪	180
8809	鳩摩羅什(漫畫)	黃耀傑等繪	160
8810	少女的夢(漫畫)	郭 幸 鳳繪	180
8811	金山活佛(漫畫)	黃 壽 忠繪	270
8812	隱形佛(漫畫)	郭 幸 鳳繪	180
8813	漫畫心經	蔡 志 忠繪	140
8814	十大弟子傳(漫畫)	郭 豪 允繪	排印中
8900	槃達龍王(漫畫)	黃耀傑等繪	120
8901	富人與鼈(漫畫)	鄧博文等繪	120
8902	金盤(漫畫)	張乃元等繪	120
8903	捨身的兎子(漫畫)	洪 義 男繪	120
8904	彌蘭遊記(漫畫)	蘇 晉 儀繪	80
8905	不愛江山的國王(漫畫)	蘇 晉 儀繪	80
8906	鬼子母(漫畫)	余 明 苑繪	120
	工具叢書	著者	定價
9000	雜阿含‧全四册(恕不退貨)	佛 光 山編	2000
9016	阿含藏‧全套附索引共17册(恕不退貨)	佛 光 山編	8000
9067	禪藏‧全套附索引共51册(恕不退貨)	佛 光 山編	36,000
9109	般若藏	佛 光 山編	30,000
9200	中英佛學辭典	本 社編	500
9201B	佛光大辭典(恕不退貨)	佛 光 山編	6000
9300	佛教史年表	本 社編	450
9501	世界佛教青年會1985年學術會議實錄	佛 光 山編	400
9502	世界顯密佛學會議實錄	佛 光 山編	500
9503	世界佛教徒友誼會第十六屆大會 佛光山美國西來寺落成典禮暨傳戒法會紀念特刊	佛 光 山編	500
9504	世界佛教徒友會第十六屆大會暨 世界佛教青年友誼會第七屆大會實錄	佛 光 山編	紀念藏
9505	佛光山1989年國際禪學會議實錄	佛 光 山編	紀念藏
9506	佛光山1990年佛教學術會議實錄	佛 光 山編	紀念藏
9507	佛光山1990年國際佛教學術會論文集	佛 光 山編	紀念藏
9508	佛光山1991年國際佛教學術會論文集	佛 光 山編	紀念藏
9509	世界佛教徒友會第十八屆大會暨 世界佛教青年友誼會第九屆大會實錄	佛 光 山編	紀念藏
9511	世界傑出婦女會議特刊	佛 光 山編	紀念藏
9600	跨世紀的悲欣歲月──走過台灣佛教五十年寫眞		1500
9700	抄經本	佛 光 山編	120
9701	般若波羅蜜多心經抄經本	潘 慶 忠書	100
9202	佛說阿彌陀經抄經本	戴 德 書	100
9703	妙法蓮華經觀世音菩薩普門品抄經本	戴 德 書	100
	法器文物	著者	定價
0900	陀羅尼經被(單)	本 社製	1000
0901	陀羅尼經被(雙)	本 社製	2000
0950	佛光山風景明信片	本 社製	60

CATALOG OF ENGLISH BOOKS

	BUDDHIST SCRIPTURE	AUTHER	PRICE
A001	VERSES OF THE BUDDHA'S TEACHINGS	VEN. KHANTIPALO THERA	150
A002	THE SCRIPTURE OF ONE HUNDRED PARABLES	LI RONGXI	排印中
	SERIES OF VENERABLE MASTER HSING YUN'S LITERARY WORKS	AUTHER	PRICE
M101	HSING YUN'S CH'AN TALK(1)	VEN.MASTER HSING YUN	180
M102	HSING YUN'S CH'AN TALK(2)	VEN.MASTER HSING YUN	180
M103	HSING YUN'S CH'AN TALK(3)	VEN.MASTER HSING YUN	180
M104	HSING YUN'S CH'AN TALK(4)	VEN.MASTER HSING YUN	180
M105	HANDING DOWN THE LIGHT	FU CHI-YING	360
M106	CON SUMO GUSTO	VEN.MASTER HSING YUN	100

5610	九霄雲外有神仙—琉璃人生④	夏元瑜等著	150
5611	生命的活水(一)	陳履安等著	160
5612	生命的活水(二)	高希均等著	160
5613	心行處滅—禪宗的心靈治療個案	黃文翔著	150
5614	水晶的光芒(上)	仲南萍等著	200
5615	水晶的光芒(下)	潘煊等著	200
5616	全新的一天	廖輝英等著	150
5700	譬喻	釋性瀅著	120
5701	星雲說偈(一)	星雲大師著	150
5702	星雲說偈(二)	星雲大師著	150
5707	經論指南—藏經序文選譯	圓香等著	200
5800	1976年佛學研究論文集	東初長老等著	350
5801	1977年佛學研究論文集	楊白衣等著	350
5802	1978年佛學研究論文集	印順長老等著	350
5803	1979年佛學研究論文集	霍韜晦等著	350
5804	1980年佛學研究論文集	張曼濤等著	350
5805	1981年佛學研究論文集	程兆熊等著	350
5806	1991年佛學研究論文集	鎌田茂雄等著	350
5809	1994年佛學研究論文集(一)—佛與花		400
5810	1995年佛學研究論文集(二)—佛教現代化		400
5811	1996年佛學研究論文集(一)—當代台灣的社會與宗教		350
5812	1996年佛學研究論文集(二)—當代宗教理論的省思		350
5813	1996年佛學研究論文集(三)—當代宗教的發展趨勢		350
5814	1996年佛學研究論文集(四)—佛教思想的當代詮釋		350
5900	佛教歷史百問	業露華著	180
5901	佛教文化百問	何雲著	180
5902	佛教藝術百問	丁明夷等著	180
5904	佛教典籍百問	方廣錩著	180
5905	佛教密宗百問	李冀誠等著	180
5906	佛教氣功百問	陳兵著	180
5907	佛教禪宗百問	潘桂明著	180
5908	道教氣功百問	陳兵著	180
5909	道教知識百問	盧國龍著	180
5911	禪詩今譯百首	王志遠著	180
5912	印度宗教哲學百問	姚衛羣著	180
5914	伊斯蘭教歷史百問	沙秋眞等著	180
5915	伊斯蘭教文化百問	馮今源等著	180
儀制叢書		**著者**	**定價**
6000	宗教法規十講	吳堯峰著	400
6001	梵唄課誦本	本社編	50
6002	大悲懺儀合節	本社編	80
6500	中國佛教與社會福利事業	道瑞良秀著	100
6700	無聲息的歌息	星雲大師著	100
用世叢書		**著者**	**定價**
7501	佛光山靈異錄(一)	釋依空等著	100
7502	怎樣做個佛光人	星雲大師著	50
7504	佛光山印度朝聖專輯	釋心定等著	200
7505	佛光山開山二十週年紀念特刊	佛光山編	紀念藏
7510	佛光山開山三十週年紀念特刊	佛光山編	10000
7700	念佛四大要訣	戀西大師著	80
7800	跨越生命的藩籬—佛教生死學	吳東權等著	150
7801	禪的智慧vs現代管理	蕭武桐著	150

7802	遠颺的梵唱—佛教在亞細亞	鄭振煌等著	160
7803	如何解脫人生病苦—佛教養生學	胡秀卿著	150
藝文叢書		**著者**	**定價**
8000	覷紅塵(散文)	方杞著	120
8001	以水爲鑑(散文)	張培耕著	100
8002	萬壽日記(散文)	釋慈怡著	80
8003	敬告佛子書(散文)	釋慈嘉著	120
8004	善財五十三參	鄭秀雄著	150
8005	第一聲蟬嘶(散文)	忻愉著	100
8007	禪的修行生活—雲水日記	佐藤義英著	180
8008	生活的廟宇(散文)	王靜蓉著	120
8009	人生禪(一)	方杞著	140
8010	人生禪(二)	方杞著	140
8011	佛教說話文學全集(一)	劉欣如改寫	150
8012	佛教說話文學全集(二)	劉欣如改寫	150
8013	佛教說話文學全集(三)	劉欣如改寫	150
8014	佛教說話文學全集(四)	劉欣如改寫	150
8015	佛教說話文學全集(五)	劉欣如改寫	150
8017	佛教說話文學全集(七)	劉欣如改寫	150
8018	佛教說話文學全集(八)	劉欣如改寫	150
8019	佛教說話文學全集(九)	劉欣如改寫	150
8020	佛教說話文學全集(十)	劉欣如改寫	150
8021	佛教說話文學全集(十一)	劉欣如改寫	150
8022	人生禪(三)	方杞著	140
8023	人生禪(四)	方杞著	140
8024	紅樓夢與禪	圓香著	120
8025	回歸佛陀的時代	張培耕著	100
8026	佛踪萬里紀遊	張培耕著	100
8028	一鉢山水錄(散文)	釋宏意著	120
8029	人生禪(五)	方杞著	140
8030	人生禪(六)	方杞著	140
8031	人生禪(七)	方杞著	140
8032	人生禪(八)	方杞著	排印中
8033	人生禪(九)	方杞著	排印中
8034	人生禪(十)	方杞著	排印中
8035	擦亮心燈	鄭佩佩著	180
8100	僧伽(佛教散文選第一集)	簡媜等著	120
8101	情緣(佛教散文選第二集)	孟瑤等著	120
8102	半是青山半白雲(佛教散文選第三集)	林清玄等著	150
8103	宗月大師(佛教散文選第四集)	老舍等著	120
8104	大佛的沉思(佛教散文選第五集)	許墨林等著	140
8200	悟(佛教小說選第一集)	孟瑤等著	120
8201	不同的愛(佛教小說選第二集)	星雲大師著	120
8204	蟠龍山(小說)	康白著	120
8205	緣起緣滅(小說)	康白著	150
8207	命命鳥(佛教小說選第五集)	許地山等著	140
8208	天寶寺傳奇(佛教小說選第六集)	姜天民等著	140
8209	地獄之門(佛教小說選第七集)	陳望塵等著	140
8210	黃花無語(佛教小說選第八集)	程乃珊等著	140
8220	心靈的畫師(小說)	陳慧劍著	100
8300	佛教聖歌集	本社編	300
8301	童韻心聲	高惠美等編	120

3406	金山活佛	煮雲法師著	130
3407	無著與世親	木村園江著	130
3408	弘一大師與文化名流	陳　星著	150
3500	皇帝與和尚	煮雲法師著	130
3501	人間情味—豐子愷傳	陳　星著	180
3502	豐子愷的藝術世界	陳　星著	160
3600	玄奘大師傳(中國佛教高僧全集1)	圓　香著	350
3601	鳩摩羅什大師傳(中國佛教高僧全集2)	宣 建 人著	250
3602	法顯大師傳(中國佛教高僧全集3)	陳 白 夜著	250
3603	惠能大師傳(中國佛教高僧全集4)	陳 南 燕著	250
3604	蓮池大師傳(中國佛教高僧全集5)	項 冰 如著	250
3605	鑑眞大師傳(中國佛教高僧全集6)	傅　傑著	250
3606	曼殊大師傳(中國佛教高僧全集7)	陳　星著	250
3607	寒山大師傳(中國佛教高僧全集8)	薛 家 柱著	250
3608	佛圖澄大師傳(中國佛教高僧全集9)	葉　斌著	250
3609	智者大師傳(中國佛教高僧全集10)	王 仲 堯著	250
3610	寄禪大師傳(中國佛教高僧全集11)	周 維 強著	250
3611	憨山大師傳(中國佛教高僧全集12)	項　東著	250
3657	懷海大師傳(中國佛教高僧全集13)	華 鳳 蘭著	250
3661	法藏大師傳(中國佛教高僧全集14)	王 仲 堯著	250
3632	僧肇大師傳(中國佛教高僧全集15)	張　強著	250
3617	慧遠大師傳(中國佛教高僧全集16)	傅 紹 良著	250
3679	道安大師傳(中國佛教高僧全集17)	龔　雋著	250
3669	紫柏大師傳(中國佛教高僧全集18)	張 國 紅著	250
3656	圜悟克勤大師傳(中國佛教高僧全集19)	吳 言 生著	250
3676	安世高大師傳(中國佛教高僧全集20)	趙 福 蓮著	250
3681	義淨大師傳(中國佛教高僧全集21)	王 亞 榮著	250
3684	眞諦大師傳(中國佛教高僧全集22)	李 利 安著	250
3680	道生大師傳(中國佛教高僧全集23)	楊 維 忠著	250
3693	弘一大師傳(中國佛教高僧全集24)	陳　星著	250
3671	見月大師傳(中國佛教高僧全集25)	溫 金 玉著	250
3672	僧祐大傳(中國佛教高僧全集26)	章 義 和著	250
3648	雲門大師傳(中國佛教高僧全集27)	李 安 綱著	250
3633	達摩大師傳(中國佛教高僧全集28)	程 世 和著	250
3667	懷素大師傳(中國佛教高僧全集29)	劉 明 立著	250
3688	世親大師傳(中國佛教高僧全集30)	李 利 安著	250
3700	日本禪僧涅槃記(上)	曾 普 信著	150
3701	日本禪僧涅槃記(下)	曾 普 信著	150
3702	仙崖禪師軼事	石村善右著	100
3900	印度佛教史概說	佐佐木教悟等著	170
3901	韓國佛教史	愛宕顯昌著	100
3902	印度教與佛教史綱(一)	查爾斯·埃利奧特著	300
3903	印度教與佛教史綱(二)	查爾斯·埃利奧特著	300
3905	大史(上)	摩訶那摩等著	350
3906	大史(下)	摩訶那摩等著	350

	文選叢書	著者	定價
5001	星雲大師講演集(一)	星雲大師著	300
5004	星雲大師講演集(四)	星雲大師著	300
5101	星雲禪話(一)	星雲大師著	150
5102	星雲禪話(二)	星雲大師著	150
5103	星雲禪話(三)	星雲大師著	150
5104	星雲禪話(四)	星雲大師著	150
5107	星雲法語(一)	星雲大師著	150
5108	星雲法語(二)	星雲大師著	150
5113	心甘情願—星雲百語(一)	星雲大師著	100
5114	皆大歡喜—星雲百語(二)	星雲大師著	100
5115	老二哲學—星雲百語(三)	星雲大師著	100
5201	星雲日記(一)—安然自在	星雲大師著	150
5202	星雲日記(二)—創造全面的人生	星雲大師著	150
5203	星雲日記(三)—不負西來意	星雲大師著	150
5204	星雲日記(四)—凡事超然	星雲大師著	150
5205	星雲日記(五)—人忙心不忙	星雲大師著	150
5206	星雲日記(六)—不請之友	星雲大師著	150
5207	星雲日記(七)—找出內心平衡點	星雲大師著	150
5208	星雲日記(八)—慈悲不是定點	星雲大師著	150
5209	星雲日記(九)—觀心自在	星雲大師著	150
5210	星雲日記(十)—勤耕心田	星雲大師著	150
5211	星雲日記(十一)—菩薩情懷	星雲大師著	150
5212	星雲日記(十二)—處處無家處處家	星雲大師著	150
5213	星雲日記(十三)—法無定法	星雲大師著	150
5214	星雲日記(十四)—說忙說閒	星雲大師著	150
5215	星雲日記(十五)—緣滿人間	星雲大師著	150
5216	星雲日記(十六)—禪的妙用	星雲大師著	150
5217	星雲日記(十七)—不二法門	星雲大師著	150
5218	星雲日記(十八)—把心找回來	星雲大師著	150
5219	星雲日記(十九)—談心接心	星雲大師著	150
5220	星雲日記(二十)—談空說有	星雲大師著	150
5400	覺世論叢	星雲大師著	100
5402	雲南大理佛教論文集	藍吉富等著	350
5411	我看美國人	釋 慈 容著	250
5503	本生經的起源及其開展	釋 依 淳著	200
5504	六波羅蜜的研究	釋 依 日著	120
5505	禪宗無門關重要公案之研究	楊 新 瑛著	150
5506	原始佛教四諦思想	聶 秀 藻著	120
5507	般若與玄學	楊 俊 誠著	150
5508	大乘佛教倫理思想研究	李 明 芳著	120
5509	印度佛教蓮花紋飾之探討	郭 乃 彰著	120
5510	淨土三系之研究	廖 閱 鵬著	120
5511	佛教文學對中國小說的影響	釋 永 祥著	120
5512	佛教的女性觀	釋 永 明著	120
5513	盛唐詩與禪	姚 儀 敏著	150
5514	禪宗思想的形成與發展	洪 修 平著	200
5515	晚唐臨濟宗思想評述	杜 寒 風著	220
5516	弘一大師出家前後書法風格之比較	李 璧 苑著	排印中
5600	一句偈(一)	星雲大師等著	150
5601	一句偈(二)	鄭石岩等著	150
5602	善女人	宋雅姿等著	150
5603	善男子	傅偉勳等著	150
5604	生活無處不是禪	鄭石岩等著	150
5605	佛教藝術的傳人	陳清香等著	160
5606	與永恆對唱—細說當代傳奇人物	釋永芸等著	160
5607	疼惜阮青春—琉璃人生①	王靜蓉等著	150
5608	三十三天天外天—琉璃人生②	林清玄等著	150
5609	平常歲月平常心—琉璃人生③	薇薇夫人等著	150

1190	本生經的起源及其開展	釋 依 淳著	200
1191	人間巧喻	釋 依 空著	200
1192	大乘本生心地觀經	圓 香 著	不零售
1193	南海寄歸內法傳	華 濤 釋譯	200
1194	入唐求法巡禮記	潘 平 釋譯	200
1195	大唐西域記	王邦維釋譯	200
1196	比丘尼傳	朱良志·詹緒左釋譯	200
1197	弘明集	吳 遠 釋譯	200
1198	出三藏記集	呂有祥釋譯	200
1199	牟子理惑論	梁慶寅釋譯	200
1200	佛國記	吳玉貴釋譯	200
1201	宋高僧傳	賴永海釋譯	200
1202	唐高僧傳	賴永海釋譯	200
1203	梁高僧傳	賴永海釋譯	200
1204	異部宗輪論	姚治華釋譯	200
1205	廣弘明集	鞏本棟釋譯	200
1206	輔教編	張宏生釋譯	200
1207	釋迦牟尼佛傳	星雲大師著	不零售
1208	中國佛教名山勝地寺志	林繼中釋譯	200
1209	勅修百丈清規	謝重光釋譯	200
1210	洛陽伽藍記	曹 虹釋譯	200
1211	佛教新出碑志集粹	丁明夷釋譯	200
1212	佛教文學對中國小說的影響	釋 永 祥著	不零售
1213	佛遺教三經	藍 天釋譯	200
1214	大般涅槃經	高振農釋譯	200
1215	地藏經・盂蘭盆經・父母恩重難報經	陳利權·伍玲玲釋譯	200
1216	安般守意經	杜繼文釋譯	200
1217	那先比丘經	吳根友釋譯	200
1218	大毘婆沙論	徐醒生釋譯	200
1219	大乘大義章	陳揚炯釋譯	200
1220	因明入正理論	宋立道釋譯	200
1221	宗鏡錄	潘桂明釋譯	200
1222	法苑珠林	王邦維釋譯	200
1223	經律異相	白化文·李鼎霞釋譯	200
1224	解脫道論	黃夏年釋譯	200
1225	雜阿毘曇心論	蘇 軍釋譯	200
1226	弘一大師文集選要	弘一大師著	200
1227	滄海文集選集	釋 幻 生著	200
1228	勸發菩提心文講話	釋 聖 印著	不零售
1229	佛經概說	釋 慈 惠著	200
1230	佛教的女性觀	釋 永 明著	不零售
1231	涅槃思想研究	張 曼 濤著	不零售
1232	佛學與科學論文集	梁乃崇等著	200
1300	法華經教釋	太虛大師著	300
1301	觀世音菩薩普門品講話	森下大圓著	150
1600	華嚴經講話	鎌田茂雄著	220
1700	六祖壇經註釋	唐 一 玄著	180
1800	金剛經及心經釋義	張 承 斌著	100
1805	金剛般若波羅蜜經講話	釋 竺 摩著	150

概論叢書		著者	定價
2000	八宗綱要	凝然大德著	200
2001	佛學概論	蔣 維 喬著	130
2002	佛教的起源	楊 曾 文著	130
2003	佛道詩禪	賴 永 海著	180
2100	佛家邏輯研究	霍 韜 晦著	150
2101	中國佛性論	賴 永 海著	250
2102	中國佛教文學	加地哲定著	180
2103	敦煌學	鄭 金 德著	180
2104	宗教與日本現代化	村上重良著	150
2200	金剛經靈異	張 少 齊著	140
2201	佛與般若之眞義	圓 香著	120
2300	天台思想入門	鎌田茂雄著	120
2301	宋初天台佛學窺豹	王 志 遠著	150
2401	談心說識	釋 依 昱著	160
2500	淨土十要(上)	蕅益大師選	180
2501	淨土十要(下)	蕅益大師選	180
2700	頓悟的人生	釋 依 空著	150
2800	現代西藏佛教	鄭 金 德著	300
2801	藏學零墨	王 堯著	150
2803	西藏文史考信集	王 堯著	240
2804	西藏佛教密宗	李 冀 誠著	150

教理叢書		著者	定價
4002	中國佛教哲學名相選釋	吳 汝 鈞著	140
4003	法相	釋 慈 莊著	250
4200	佛教中觀哲學	梶山雄一著	140
4201	大乘起信論講記	方 倫著	140
4202	觀心・開心—大乘百法明門論解說1	釋 依 昱著	220
4203	知心・明心—大乘百法明門論解說2	釋 依 昱著	200
4205	空入門	梶山雄一著	170
4300	唯識哲學	吳 汝 鈞著	140
4301	唯識三頌講記	方 倫著	140
4302	唯識思想要義	徐 典 正著	140
4700	眞智慧之門	侯 秋 東著	140

史傳叢書		著者	定價
3000	中國佛學史論	褚 柏 思著	120
3002	中國佛教通史(第一卷)	鎌田茂雄著	250
3003	中國佛教通史(第二卷)	鎌田茂雄著	250
3004	中國佛教通史(第三卷)	鎌田茂雄著	250
3005	中國佛教通史(第四卷)	鎌田茂雄著	250
3100	中國禪宗史話	褚 柏 思著	120
3200	釋迦牟尼佛傳	星雲大師著	180
3201	十大弟子傳	星雲大師著	150
3300	中國禪	鎌田茂雄著	150
3301	中國禪祖師傳(上)	曾 普 信著	150
3302	中國禪祖師傳(下)	曾 普 信著	150
3303	天台大師	宮崎忠尙著	130
3304	十大名僧	洪 修 平著	150
3305	人間佛教的星雲—星雲大師行誼(一)	本 社著	150
3400	玉琳國師	星雲大師著	130
3401	緇田崇行錄	蓮池大師著	120
3402	佛門佳話	月基法師著	150
3403	佛門異記(一)	煮雲法師著	180
3404	佛門異記(二)	煮雲法師著	180
3405	佛門異記(三)	煮雲法師著	180

佛光叢書目錄

⊙價格如有更動，以版權頁為準

經典叢書		著者	定價
1000	八大人覺經十講	星雲大師著	120
1001	圓覺經自課	唐 一 玄著	120
1002	地藏經講記	釋 依 瑞著	250
1005	維摩經講話	釋 竺 摩著	200
1101	中阿含經	梁曉虹釋譯	200
1102	長阿含經	陳永革釋譯	200
1103	增一阿含經	耿 敬釋譯	200
1104	雜阿含經	吳 平釋譯	200
1105	金剛經	程恭讓釋譯	200
1106	般若心經	程恭讓·東初等釋譯	不零售
1107	大智度論	郏廷礎釋譯	200
1108	大乘玄論	邱高興釋譯	200
1109	十二門論	周學農釋譯	200
1110	中論	韓廷傑釋譯	200
1111	百論	強 昱釋譯	200
1112	肇論	洪修平釋譯	200
1113	辯中邊論	魏德東釋譯	200
1114	空的哲理	道安法師著	200
1115	金剛經講話	星雲大師著	不零售
1116	人天眼目	方 銘釋譯	200
1117	大慧普覺禪師語錄	潘桂明釋譯	200
1118	六祖壇經	李 申釋譯	200
1119	天童正覺禪師語錄	杜寒風釋譯	200
1120	正法眼藏	董 群釋譯	200
1121	永嘉證道歌・信心銘	何勁松·釋弘憫釋譯	200
1122	祖堂集	葛兆光釋譯	200
1123	神會語錄	邢東風釋譯	200
1124	指月錄	吳相洲釋譯	200
1125	從容錄	董 群釋譯	200
1126	禪宗無門關	魏道儒釋譯	200
1127	景德傳燈錄	張 華釋譯	200
1128	碧巖錄	任澤鋒釋譯	200
1129	緇門警訓	張學智釋譯	200
1130	禪林寶訓	徐小躍釋譯	200
1131	禪林象器箋	杜曉勤釋譯	200
1132	禪門師資承襲圖	張春波釋譯	200
1133	禪源諸詮集都序	閻 韜釋譯	200
1134	臨濟錄	張伯偉釋譯	200
1135	來果禪師語錄	來果禪師著	200
1136	中國佛學特質在禪	太虛大師著	200
1137	星雲禪話	星雲大師著	200
1138	禪話與淨話	方 倫著	200
1139	釋禪波羅蜜次第法門	黃 連 忠著	200
1140	般舟三昧經	吳立民·徐蓀銘釋譯	200
1141	淨土三經	王月清釋譯	200
1142	佛說彌勒上生下生經	業露華釋譯	200
1143	安樂集	業露華釋譯	250
1144	萬善同歸集	袁家耀釋譯	200
1145	維摩詰經	賴永海釋譯	200
1146	藥師經	陳利權釋譯	200
1147	佛堂講話	道源法師著	200
1148	信願念佛	印光大師著	200
1149	精進佛七開示錄	煮雲法師著	200
1150	往生有分	妙蓮長老著	200
1151	法華經	董 群釋譯	200
1152	金光明經	張文良釋譯	200
1153	天台四教儀	釋永本釋譯	200
1154	金剛錍	王志遠釋譯	200
1155	教觀綱宗	王志遠釋譯	200
1156	摩訶止觀	王雷泉釋譯	200
1157	法華思想	平川彰等著	200
1158	華嚴經	高振農釋譯	200
1159	圓覺經	張保勝釋譯	200
1160	華嚴五教章	徐紹強釋譯	200
1161	華嚴金師子章	方立天釋譯	200
1162	華嚴原人論	李錦全釋譯	200
1163	華嚴學	龜川教信著	200
1164	華嚴經講話	鎌田茂雄著	不零售
1165	解深密經	程恭讓釋譯	200
1166	楞伽經	賴永海釋譯	200
1167	勝鬘經	王海林釋譯	200
1168	十地經論	魏常海釋譯	200
1169	大乘起信論	蕭萐父釋譯	200
1170	成唯識論	韓廷傑釋譯	200
1171	唯識四論	陳 鵬釋譯	200
1172	佛性論	龔 雋釋譯	200
1173	瑜伽師地論	王海林釋譯	200
1174	攝大乘論	王 健釋譯	200
1175	唯識史觀及其哲學	釋 法 舫著	不零售
1176	唯識三頌講記	于 凌 波著	200
1177	大日經	呂建福釋譯	200
1178	楞嚴經	李富華釋譯	200
1179	金剛頂經	夏金華釋譯	200
1180	大佛頂首楞嚴經	圓 香著	不零售
1181	成實論	陸玉林釋譯	200
1182	俱舍要義	楊 白 衣著	200
1183	佛說梵網經	季芳桐釋譯	200
1184	四分律	溫金玉釋譯	200
1185	戒律學綱要	釋 聖 嚴著	不零售
1186	優婆塞戒經	釋 能 學著	不零售
1187	六度集經	梁曉虹釋譯	200
1188	百喻經	屠友祥釋譯	200
1189	法句經	吳根友釋譯	200

佛光概論叢書
2401

談心說識

□著　者□釋依昱
□□一九九三（民八十二）年二月初版
□□一九九七（民八十六）年十二月初版五刷

□發行人□慈惠法師（張優理）
□出版者□佛光文化事業有限公司
臺北市松隆路327號8樓　☎（〇二）二七六九三二五〇
E-mail Address:fokuang@ms16.hinet.net
網址：http://www.fks.org.tw/culture/fkpublish/
高雄縣大樹鄉佛光山寺（高雄辦事處）　☎（〇七）六五六四〇三八—九
□法律顧問□舒建中・毛英富
□流通處□佛光山寺
高雄縣大樹鄉佛光山寺　☎（〇七）六五六一九二一—八
佛光書局
高雄市前金區賢中街27號　☎（〇七）二七二八六四九
臺北市忠孝西路一段72號9樓之14　☎（〇二）二三一四四六五九
臺北市汀州路三段188號2樓　☎（〇二）二三六五一八二六
臺北市松隆路327號8樓　☎（〇二）二七六九三二五〇
□定　價□一六〇元
□印　刷□秋雨印刷股份有限公司　☎（〇六）二六一三一二一
□郵政劃撥一八八八九四四八　帳戶：佛光文化事業有限公司
□行政院新聞局出版事業登記證局版北市業字第四七八號
□如有缺頁或裝訂錯誤，請寄回本社更換

國立中央圖書館出版品預行編目資料

談心說識 / 釋依昱著. -- 初版. -- 高雄縣大樹
鄉 : 佛光, 民82
面 ; 公分. -- (佛光概論叢書)
參考書目:面
ISBN 957-543-102-2(平裝)

1. 佛教 - 哲學,原理

220.123　　82004307